JN302390

CLASSROOM MANAGEMENT
学級づくり
ニュージーランド教育現場から387の提案

マーティン・ヴァン・デァ・クレイ【著】
ウェンディ・バーン【イラスト】　塩見邦雄【監訳】

ナカニシヤ出版

Classroom Management
— AND HOW TO BE AN EFFECTIVE TEACHER —

Copyright © 1991 by Martin Van der Kley
Japanese translation rights arranged with the Author
and Nakanishiya Shuppan.

心理学を応用した学級担任マニュアル

学級づくり

マンガが楽しい

すばらしい先生になる方法

ニュージーランド教育現場から387の提案

マーティン・ヴァン・デァ・クレイ 著／ウェンディ・バーン イラスト

塩見邦雄 監訳

　この本は，学校が子どもたちにとって興味深くて肯定的な経験になるように心を配っている，そして，子どもたちの一人ひとりに対して効果的な学びをおこなおうと努力している，すべての先生，学生，そして保護者の方々に捧げます。

著者についての紹介

　マーティン・ヴァン・デァ・クレイ（Martin Van der Kley）は，普通学級と障害児学級両方のバックグラウンドをもつ経験豊かな教師です。近年，ガイダンスユニット・ティーチャーとして数多くの先生たちとその先生たちのクラスを観察し，「すばらしい先生」になるための方法を提案しながら，活動を続けてきました。この本は，学級指導を分析し，前向きの学習環境を創造して，効果的な学習を保証できる先生になれる方法を，やさしい言葉で説明しています。

訳者まえがき

　本書はニュージーランドの教師による子どもたちへの「指導の工夫」の本です。ニュージーランドの家々は一つとして同じ家がないのですが，学校も地域の特色や校長の方針が反映されてユニークです。目に飛び込んでくるのは，緑の多い敷地と平屋木造りの校舎，そして教室内外の壁面や天井からぶら下がる色鮮やかな掲示物など。それらはリサイクル材料を利用したものが多いのですが，先生の工夫やセンス，その子らしさのあふれたものが目につきます。

　教室内ではグループごとに違った活動をしていたり，隅のカーペットに座って先生が少人数の子どもたちを教えていたりします。一人でゲームをしている子どももいます。体のサイズを定規でめいめい測っている教室もありました。ある子は立ち上がって足の長さを，別の子は鏡を見て眉毛の長さを計測し記録しています。騒がしく見えましたが，先生が何か指示をしだすとぴたっと手が止まります。中庭に出ると，敷石の上に不揃いな数字の列が線路のように長く伸びていました。「これは何かな」と思っていると，子どもが二人ずつ組になって線路を歩きます。一人が鉛筆と紙で足し算や引き算をしていくのをもう一人は計算器を持ち間違いをチェックしながら，最終目的地（列の最後つまり教室）にたどり着くのでした。

　ある学校の1年生のクラスでは国語をやっていましたが，三人ぐらいずつ組になり10通りぐらいのプログラムを15分間ぐらいやって交代していきます。OHPを使って詩の朗読をする組，単語ゲームをする組，二人で書写をしながら間違い探しをしている組，テープデッキを操作して読解問題に答えている組もいます。先生はメニューを作って記録を取っているだけなのですが，まるで「先生ごっこ」をしているかのような6歳児のかわいらしさが印象的でした。別の学校では，やはり1年生に赤頭巾ちゃんの再話絵本（原作を聞かせ，思い出して再構成する）をパソコンのワードとグラフィックを使って一人ずつ作らせていたのには驚きました。

　ニュージーランドの教室は大変興味深く見えます。どうしたら小さい子どもたちがあんなに自発的に勉強できるのでしょう。先生が頻繁なコミュニケーションを取りながらでも教室で目立たないのはなぜなのでしょう。

　ニュージーランドでは，1980年以降の段階的な教育改革で，「チョークとトークの教育」からの脱却を図る新しい教育法を推進してきました。教師主導の画一的な学習ではなく，協同学習やピア・チュータリングなどを取り入れたさまざまな模索がなされています。その目的は，一人ひとりの教育ニーズに合った教育をできるだけ効果的に推進していこうとするものでした。子どもたちに前向きな学びができるためには，興味深い学習環境を整え，やる気を育てなくてはなりません。この本はそのための教師マニュアルです。ここのアイデアの多くは実際に日本の学校でも使えそうです。

　訳者としてこの本で伝えたいことは，教師としての発想の柔軟性です。ユーモラスなマンガと吹き出しのせりふで笑っていただきながら，日本の教室にちょっと違った「風」を入れてもらえたら，と思うのです。そして，さらに，この本が日本の教育に携わる方々や子どもさんをもつご両親の方々に，「指導」に関して何らかのヒントを提供してお役に立てれば，と思うのです。

　最後に，本訳書の出版にあたっては，ナカニシヤ出版の中西健夫社長や宍倉由高編集長，山本あかね編集員をはじめとしてナカニシヤ出版の方々に大変お世話になりました。厚く感謝申し上げます。

2006年2月20日
訳　　者

も　く　じ

序　章　よい学級づくりに，何が必要でしょうか？……………………………………7

第1章　明確な教育哲学…………………………………………………………………9
　　　―教育というもの，教師として達成しようとしているもの―　教育哲学　10

第2章　興味のある，刺激的なクラスを創造すること………………………………13
　　　―教室づくりをはじめる際に考えるべき要素やアイデア　13

第3章　一人ひとりの子どもと前向きの関係を発達させること……………………17

第4章　前向きな学級風土とクラス・アイデンティティを発展させること………21

第5章　秩序ある，学級運営のうまくいっているクラスを維持すること（行動管理）……23
　　　―ステップ1　明確な規則と行動のガイドラインを示すこと　24
　　　―ステップ2　毎日の生活手順と子どもにしてほしい行動を練習すること　27
　　　―ステップ3　適切な行動には，正の強化をいっぱい与えること　29
　　　―ステップ4　不適切な行動に対処すること　37
　　　　1．不適切な行動を無視すること　39
　　　　2．積極的な罰なし法　41
　　　　3．懲罰の使用（最終段階）　44
　　　　4．よくある，先生の間違い　52

第6章　計画することと組織すること…………………………………………………55
　　　―長期計画　56
　　　―時　間　割　57
　　　―一時限の授業計画　58
　　　―授業計画と評価シート　60
　　　―どうしたらもっと興味深いプログラムを計画できるか？　61
　　　―準備すること―　それは大変重要です　62
　　　―準備というのは　64

第7章　すべての子どもたちに起こる効果的な学び……………………………………65
　　　―アセスメント　65
　　　―学習指導　68
　　　―再アセスメントと学習指導の評価　71
　　　―評　価　73

第8章　面白さ……………………………………………………………………………75
　　　―教科指導への応用　78

第9章　すばらしい学習指導への，先生が通り抜けなければいけない道……………83

どうやって，よい学級風土を創り上げたらいいの。
さあて，どんな教育哲学をよりどころにしたらいいのか。
だけど，少しでも分かっていくようになったら，毎日の教育実践がよくなるかも。
ずっといままで教員研修をうけてきたのに，まだ答えの分からないものがある。
クラスで荒れる子どもにはどう対処していったらいいんだろう。
わたしは，きれないでうまくちゃんとやっていけそうにないわ。
子どもに，期待したり要求したりする行動の基準というものが分かったことがない。
成績が伸びない子どもと，どうかかわっていったらええか，よう分からへん。
正しい方法は一つしかないんだろうか？ それともいろんな方法があっていいんだろうか？
100 WAYS
よい教師になるためには，どうしたらいいの？
さあ，やってみよう。効果的な学級指導の内容を一つひとつ見てみよう。

序　章　よい学級づくりに，何が必要でしょうか？

一般的には，次のようなものが必要です。

1) 明確な教育哲学。
　―あなたが何を達成しようとしているか，はっきりした考えをもてるようになります。
2) 興味のある刺激的な教室を与えること。
3) クラスとの前向きの関係を発展させること。
4) 明確な行動指針や毎日の生活手順のある，秩序だった学級。
5) 計画することと準備すること。
6) すべての子どもに効果的な学習が起こること。
7) 面白さ。

じゃあ，よい教師になるためには，この7つのポイントだけをおさえておけばいいんだ。

う…あの…あ…

わしは，子どものこと，子どもがどうやって学ぶかについて，もう40年以上も研究しとるが，いまだによく分からん

およそ教えることの中で子どもや学習方法を理解すること（ほとんど不可能な課題じゃ），それ以上に難しいものはない。しかし，たとえ子どもを完全には理解しなくても，また彼らがどう学ぶのか（たとえば子どもの頭の中で何が起こっているのか）が分からなくても，教師は効果的に教えることができるんじゃよ。

いやあ，100の違った方法に熟達して，僕のクラスの34人の子どもにいつどのようにその一つひとつを使うかということを知るって，芸術以上のものがあるよ。

効果的な学習指導の，上に挙げたポイントをもう少し詳しく見てみようかね。

第1章　明確な教育哲学

> 間違いなくこのページは退屈になりそうですね。ここは飛ばして，実際的な中身に入りましょうよ。

> 哲学はソクラテスとプラトンに任せましょう。

> 退屈であるとかないとかにかかわらず，教師として君が考えたりしたりすることみんなや君の態度，また，どのように子どもを扱っていくかは，君の教育哲学によって決まるんじゃよ。

　先生にとって，子どもや教育，自分が学習指導の一つひとつについて意図していることは何なのかについて，注意深く考え続けることが大切です。私は，教えることへの正しいアプローチが一つしかないとは考えていません。でも，もしあなたが教えるということについてしっかりした考えをもち，自信をもって信じたことを実践に移すのなら，きっとよりよい先生になるでしょう。

学習指導のプロセスについて，あなたはどんなことを信じていますか？
子どもについてと子どもの学び方については，どんなことを信じていますか？
教育の目的は何であると思いますか？
教師の役割は何であると考えていますか？

―クラスの中では学習する機会だけを与えたらいいのか？　それとも，先生が主導的に教えなくてはいけないのか？
―基本的に子どもはみんな，同じ方法で学ぶのか？　それとも，学習方法はそれぞれ違っているのか？
―もしあなたが肯定的な態度で友だちのように振る舞ったら，子どもは先生を尊敬するだろうか？　それとも，子どもにはさまざまの管理テクニックを使って厳しく統制する必要があるのか？
―教師の基本的な役割は教科を教えることだろうか？　それとも，子どもの全人的な発達に教師は責任を負うべきなのか？
―特別なニーズをもった子どもはすべて普通学級で教育されるべきか？　それとも，別の学級で教育された方がいいのか？
―子どもは形式ばった，きちんと指示されたプログラムで学ぶのがベストなんだろうか？　それとも，より自立が許され，興味に基づいてできる自由が大切なんだろうか？
―教育というものは子どもを社会基準に合うように社会化させるものなんだろうか？　それとも，子どもが独自のアイデアや価値を伸ばすのを奨励するべきなのか？
―子どもは基本的に同じだから，同じように接するべきなのだろうか？　それとも，すべての子どもたちはユニークなので，個人に応じたやり方で扱う必要が頻繁にあるのか？

> ここで，ちょっと難儀な問題があるんだなぁ。

> **警告！！**
> フレキシブルで，自分の考えにこだわらないようにしなさい。
> 新しいアイデアや知識や経験で，君の見方を変える必要があるかもしれないから。

> わかってるよ。哲学者というものは，何年もアイデアを考え続けて，最後には，違った答えをいくつも見つけてきた。大切なことは，経験を重ねた教育者がそういった問題について言ったり考えたりしたことをずうっと心の中に温め続けること，そして，君自身の教育哲学をさらに発展させることなんじゃよ。

◆ 教育というもの，教師として達成しようとしているもの──教育哲学 ◆

　教育というものは，個人の全人的な発達にかかわっているものです。その中には，子どもの知識や技能の修得，知的・情緒的・社会的・身体的な発達，それにそれぞれの領域の中の価値観の問題も含んでいます。

　教育というものは，すべての子どもの権利であり，その両親と社会の双方が義務を負わなければならないものです。その義務を果たすために，社会は学校を通して，そして，その中の先生たちに，子どもの教育を委任しているのです。

　どんな子どもも，うまく学習できるはずです。しかし，それぞれの子どもはお互いにユニークであり，パーソナリティ，経験，学習，ニーズの違う混合体です。先生の責任というものは，個々の子どもが注意深く査定されて，学習が既習事項の上に積み上げられ，その中のつまずきをきちんと補っている適切な教育プログラムをきちんと与えて保証していくということです。幸いにして，多くの場合，こういう個人的なプログラムは，クラスの中の大多数の子どもにも当てはまることが多いのですが。

　先生は，すべての子どもに効果的な学習ができているということを保証しなければなりません。これは，日常の絶え間ない観察記録とその進歩具合の評価を通してのみなされます。すべての子どもにできるだけ効果的な学習ができるように，先生は，いろいろな指導戦略を使い，さまざまな方法で使える教材を提供する必要が頻繁にあるでしょう。

　教師はカリキュラムが要求しているものと子どものニーズとの間に差がある時，その二つのバランスを取る必要があります。また，知的であると同様に，身体的，社会的発達をカバーしている豊かなバランスの取れたプログラムであることを保証しなければなりません。

教室は一種の社会的な場です。先生と子どもたちは，まったく違うかもしれないパーソナリティ，考え，行動，態度，価値観，期待をもって，この状況に入りこんでいます。

　よい学級の風土は，クラス指導を成功させる重要な一面です。よい学級風土とは，子どもに学習への態度とか，先生の期待とか，他人への尊敬とか，価値観のような，たくさんの微妙なメッセージを運ぶクラスの気風です。この前向きなクラス風土は次のようなもので育てることができます。
　先生が純粋に子どもに興味をもち，気にかけていると示すこと，いつも親しげで，前向きのフィードバックを子どもに与えること，はっきりとした作業手順や，子どもにどんな行動を期待しているかをはっきり示すこと，教育計画が適切でよく計画準備され，それぞれの子どもに達成され，その中に楽しみのあるように心がけることなどです。

　調和の取れた雰囲気，成功する学習指導，満足のいくような先生と子どもの人間関係のために，先生と子どもの両方が，1年のコースを通して自分を適応させたり，ギブアンドテイクのような関係にまでお互いを変えていくことが必要になるでしょう。
　要約すると，先生は楽しい調和のとれた学習状況を育て上げることができるのです。そこでは，前向きで，誠実な対応，はっきりした教育方針，堅実で一貫性があり，公平で，個人のニーズを配慮し，興味のあるよく組織された計画により，子ども一人ひとりによい学習というものが成立していくものです。

第2章　興味のある，刺激的なクラスを創造すること

　魅力的なクラスや，逆にそうでないクラスは，子どもや親や他のクラスの先生たちが足を踏み入れる瞬間，何らかのメッセージを伝えてくれます。
　メッセージというのは，たとえば，こういうものです。

―おおっ，この先生は教えるのにすごく工夫しているなぁ。
―このクラスは，おもしろそうで，ちょっとのぞいてみたいクラスね。
―今年この教室ではすごいことがいっぱいありそう。
―教育というのは，私が学校に通ってたころといまだに同じで単調で退屈ね。
―この先生は，魅力的な学習環境を与えるかどうかなんてあまり気にしてないようだ。

◆ 教室づくりをはじめる際に考えるべき要素やアイデア ◆

学級のスタート時に，壁のペンキ塗りをするか，色のついたケント紙でその場所をカバーするべきか？

校長先生

子どもたちが自分たちの環境を気にかけるようにしたほうがいいと思うんです。この汚い教室環境をペンキで塗って変えることで実例を示すというのはどうでしょう？　で，ペンキをいただけるか，それともこの汚い壁をカバーする麻布をいただくか。何枚かいると思いますが，色のついた厚紙は？　画びょうの箱を一ついただくのはすごく浪費的でしょうか？

子どもたちの机や備品はどのように配置していくか。
その配置をすると教室の空間が広くなりますか。
その配置は子どもが教室を出たり入ったり，動き回ったりするのに機能的ですか。
子どもたちみんなが黒板を簡単に見ることができますか。

> 私は，教室にどんなコーナーがほしいかリストを作るつもりだ。それから，備品をどこに置くか決めるよ。

> 見てみよう―読み聞かせのために子どもたちみんなが座れるマットコーナー
> ―クッションのいくつかある読書コーナー
> ―自然・科学・趣味のテーブル
> ―お絵かき道具や紙を並べておく場所

魅力的な壁面掲示
―ポスター（下の余白には質問が書いてあるかもしれない）。
―子どもの芸術作品。
―展示用の子どもの作品。
―パズル。
毎月，最低いくつかの展示は替えましょう。

> こんにちは，ジョーンズさん。

> スミス先生，こんにちは。ジョニーの18歳のお兄ちゃんが先生のクラスにいた時から，このポスターを覚えていますわ。

科学コーナーの机の上には生き物や，子どもたちが手を出したくなるような実験道具。

魅力的な読書コーナーは，子どもたちに読書を勧めたいなら大切。
　本は定期的に替えましょう。そして読みやすい絵本を入れておくのを忘れないように。

規則，日課，時間割表などが分かりやすく展示されているのを確認。

　子どもたちが簡単に手の届く場所に，切り紙・パズル・ゲームやその他の活動のための道具を用意しておきたいですね，自分の作業がおわった時生徒が静かにしていられるから（決して一度にすべてのパズルやゲームを出してはいけません。その年に"新しい"ものとして出せるよういくつかしまっておくとよい）。

> どのように教室作りをしたか，あるいは何を壁面掲示にしたかにかかわらず，それは機能的で，視覚的で，刺激的でなければなりません。そうすることにより，子どもたちがメッセージを受け取ります。
> 「これは居心地のいい，すてきなクラスだ，勉強っておもしろいんだ」と。

子どものための掲示板はどう？

CLASS NOTICE BOARD

募集
宿題お助けマン
―答えをたくさん知っていて慎重な人

交換
自分の地図帳に，ビー玉3つ

どうして教室だけなんだい？ 学校の環境全部が魅力的で刺激的であるべきなんじゃないのかい。

私は，子どもそれぞれに何か興味のあるものが貼れるような壁のスペースをあげるつもりよ。

子どもに何か物を持ってくるようすすめるのはいい考えですね。

この学期は，マラエ[1]の室内のようにマオリの模様で壁と天井を飾ってみよう。

毎月，テーマを決めて，一日（もしくはそれ以上）かけて展示と教室の美術作品を準備するのよ。'冬'が7月[2]のテーマよ。天井から下げる紙のつららを作って，読書コーナーをかまくらに変えるわ。一日スキーデーを計画して，博物館の南極コーナーに行ったりしてね。私のほうがわくわくしてきたわ。

ゆきだるま

---

1 ニュージーランドの先住民はマオリ族で，マラエはマオリ族の集会所。聖なる家とされ，伝統的な建築法で建てられ，伝統的な模様で飾られる。
2 ニュージーランドは南半球にあるので，季節は日本と正反対になる。7月は真冬。

第3章　一人ひとりの子どもと前向きの関係を発達させること

これには二つの側面があります。
―個々の子どもと肯定的な関係を発展させること。
―肯定的な学級風土とクラスのアイデンティティを発達させること。

個々の子どもと肯定的な関係を築いていく方法。
1. 子どもたちに興味をもっているということを示します。

> やあ、ジョニー、今朝はどんな具合だい。

> ジェーン、ネットボールの試合はどうだった。

―学校外で、どんなことをしているかをたずねる。
―新しい服や髪形にコメントする。
―土曜日のスポーツ[3]をどのようにしているのか聞き出す。
―意見を求める。
―家族についてたずねる。
―誕生日がいつかを知っておく。

2. 子どもに肯定的なフィードバックをいっぱいあげるようにします。特に、友だちのあまりいない対応の難しい子にはたくさんの肯定的なフィードバックと元気づけが必要です。

> ぼくはどうなるの？教師だって肯定的なフィードバックと元気づけは必要だよ。

> 子どもが成功を収めるのに役立つ肯定的なフィードバックや、友だちや大人との間に肯定的な人間関係を発達させることなど、すべて自尊感情[4]を築くのに重要な要素になります。

3　ニュージーランドの学校は週5日制。しかし、土曜日は地域やコミュニティベースのスポーツの活動が盛んで、自由参加であるが、ほとんどの子どもが楽しんで参加している。
4　自己に対する肯定的な価値的評価感情で、精神的健康や適応の基盤をなすとされる。

3. 子どもの話を聴く時間を取ります。

4. 休憩時間や昼食時に発生するような出来事を，自分たちで解決できるような手伝いができるように準備しておきます。

> 興味をもっているもの
> _____
> ジェイソンは _____ が得意です。
> 家でジェイソンは _____
> 私たちはジェイソンが好き，だって
> _____

5. 「今週の人」プロフィールを作ります。

6. あなたが子どもに何を期待しているかをはっきりと知らせます。そうすれば，子どもはどこでがんばったらいいか分かるでしょう。そうすることで人間関係の中での安定と安全をもたらしてくれます。

7. もし子どもが動転していたり不機嫌だったり，いつもと"違う"時があったら，その理由を探すようにしましょう。

> この点に関しては，ちょっと気をつけたほうがいいぞ！

> 波乱万丈の過去！
> （格子柄のという意味もある）

8. あなた自身についても，少し語るようにしましょう。 そうすれば，子どもたちはあなたのことを少し知ることができます。 人間関係というのは両方向のものですから。

9. 子どもを尊重しましょう。そうすればあなたも尊重してもらえるでしょう。相手を尊重しない態度はお互いの関係を壊しますし，受け入れることができません。

> ジョニー，昨日はちょっと問題があったね。だけど今朝ちゃんと席についてきちんと算数をやり終えたのは本当にうれしいよ。

> メアリー，昼休みのジェーンとのけんかは忘れようね。先生はクラスでのあなたのすばらしい読書感想文の発表を楽しみにしていますよ。その後で，それについて少し質問をするからね。

10. もし何かの理由で子どもとの関係が悪くなってしまった場合，その関係を修復するためには次のようなことができるように心がけましょう。何が起こったかについてオープンに話すようにします。その出来事の後で正しい行動をした時を見逃さないでほめること，そして，あなたがその子に今してもらいたいと思っている期待について前向きに話すことなどはよい方法です。

11. 恨みを抱いてはいけません。過去に起こった問題は忘れましょう。いいことは，子どももまた，あなたの過去の間違いをすぐ忘れることです。

> 子どもの親友になろうとしてはいけません，
> でも，フレンドリーで前向きであるようにしなさい。
> そして，その子自身に純粋な興味を示すのです。

> ね，子どもは普通，先生を好きになって尊敬したいと思っているんです。だって，先生は彼らの生活の中で大切な人なんですから。だから，自分にプライドをもち，前向きで，自信をもち，いい役割モデルを示すことですよ。
> ―子どもは，あなたのやり方や振る舞いをまねていきますからね。

第4章　前向きな学級風土とクラス・アイデンティティを発展させること

1) 適切な行動には，クラスにたくさんの肯定的なフィードバックを。

> 先生が教室に入ってきた時に，みんなが静かに本を読んでいたのには本当に感心したよ。

> すばやく静かにマットコーナーまで来てくれてありがとう。

子どもが教室に戻ってきた時に読む，クラスの子どものための「ありがとうボード(happygram)」を黒板に書きましょう。

> 10組のみんなへ
> 教室の椅子を全部上げ，整頓して帰ってくれてありがとう。
> とてもきちんとしていたと用務員さんが話してくれましたよ。

2) 楽しそうに，丁寧に話しましょう。すると子どもたちはそれが自分たちに期待されている標準的な話し方だと分かるから。
3) 「自分のクラスでどう行動するか?」「他人とどう付き合うか?」についてはっきりとした，人にもわかりやすいガイドラインをもちましょう。
4) クラスとしての特別活動をもちましょう。
　　―定期的に学校の外へ出かける。
　　―クラスでのゲームタイム。
　　―昼食時のバーベキュー。
5) 「私たちのクラス」「このクラスで私たちは～」「このクラスの～のやり方を誇りに思う」などの言い回しを頻繁に使いましょう。こういう言い方がクラスのアイデンティティや所属意識を発達させます。
6) クラス対抗の競争がクラスのアイデンティティを発達させることもあります。
7) クラスとしての特別プロジェクトをもちましょう。
　　―地域の動物園からライオンを引き取る。
　　―国際機関を通じて子どものスポンサーになる。
　　―運動場をいつもきれいにする係になる。

しかし，それと同時に！
　　クラスをしっかり見渡して，クラス風土を台無しにする行動に対処できるよう用心しておきましょう。

8) 先生に対してか，他の子どもに向けられているかどうかにかかわらず，無礼な行為，いじめ，非難にはすばやく効果的に対処しましょう。そういうものは見過ごされてしまうとすぐに広がって，教室内にきまずい雰囲気が生まれます。
9) 妨害的な行動だとか，うるさくて落ち着きのない時期がないようにしましょう。そういうものもまた，前向きなクラスの雰囲気をぶち壊してしまいます。

「あの子どもたちが火をつける前にすばやく火を踏み消さなくちゃ。」

「この本の後半には,どうしたらうまく火を消せるかについての項目(39ページ参照)があります。また別の本『授業妨害をする子ども』もご参照ください。」

無礼な行為

妨害行為

第5章　秩序ある，学級経営のうまくいっているクラスを維持すること（行動管理）

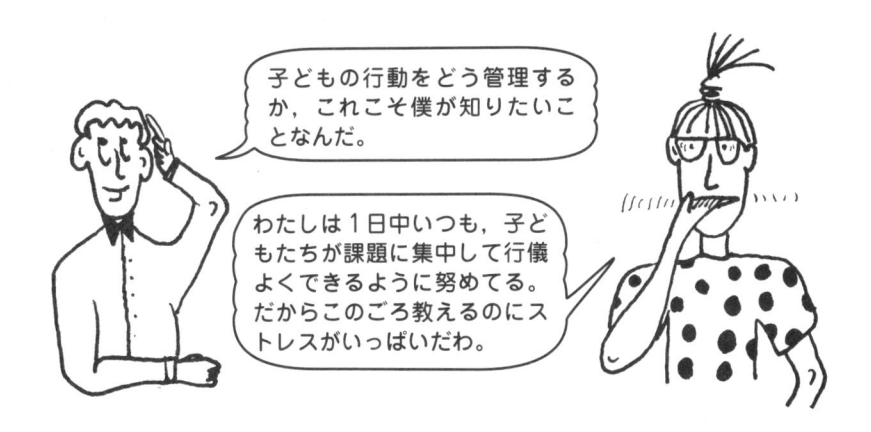

> 子どもの行動をどう管理するか，これこそ僕が知りたいことなんだ。

> わたしは1日中いつも，子どもたちが課題に集中して行儀よくできるように努めてる。だからこのごろ教えるのにストレスがいっぱいだわ。

　効果的な学習指導と子どもの学びは，子どもたちがあまりうまく管理されていない無秩序な騒がしい教室で起こるものでしょうか？

　今日ではあらゆる年齢を通じて，子どもは権威に対しての尊敬の念が薄れてきていますし，たいがいの場合，先生が要求することをやりたくない時に教師に対していどみかかってきます。子どもの多くは，教師が何を言って何をしたりできるかの権利に気がついて分かっています。上手にそれに合わせていく子どもも多いのですが，子どもたちが「反」教師であれば，明らかに反抗的な態度を示します。権威的なやり方（たとえば，不適切な行動を抑えるために非難すること，罰を使うこと，また子どもを威圧すること）のみを使ってしつけを維持するのは教師にとってますます難しくなっています。

　教師は，前向きに準備行動的な取り組みをしなければなりません。すると，問題行動はあまり起こらないようになります。しかし，受け入れられない行動が起きた時，それに対して効果的に対処する方策をもつこともまた必要です。

　それでは，教師は問題行動が起きるのをどのように防ぐのでしょうか。

> 子どもたちとのいい関係，明確な指導方針，興味のあるプログラム，子どもが成功を収める…

> ねえねえ，ゆっくり行きましょう。行動管理だけをはじめに見ましょうよ。一度にワンステップだけをね。

◆ ステップ１　明確な規則と行動のガイドラインを示すこと ◆

　子どもは自分のどんな行動が期待されているかを知る必要があります。だいたいの子どもにとっては，明確なルールと行動のガイドラインは安定と安全をもたらします。

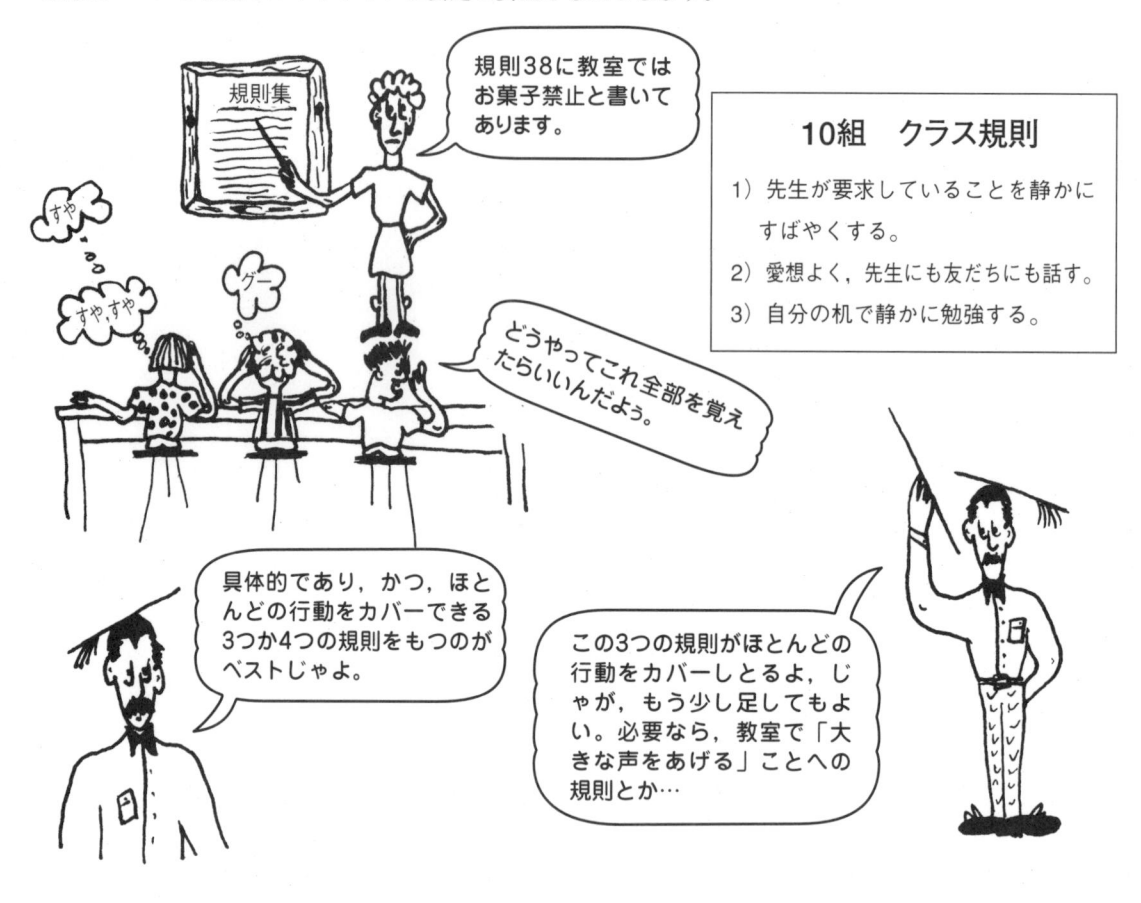

（イラスト内テキスト）
- 規則集
- 規則38に教室ではお菓子禁止と書いてあります。
- すや／すやすや／グー
- どうやってこれ全部を覚えたらいいんだよう。
- 10組　クラス規則
  1) 先生が要求していることを静かにすばやくする。
  2) 愛想よく，先生にも友だちにも話す。
  3) 自分の机で静かに勉強する。
- 具体的であり，かつ，ほとんどの行動をカバーできる3つか4つの規則をもつのがベストじゃよ。
- この3つの規則がほとんどの行動をカバーしとるよ，じゃが，もう少し足してもよい。必要なら，教室で「大きな声をあげる」ことへの規則とか…

　先生は，規則を自分自身で決めるか，必要な規則をクラス全員で決めるか，どちらか選ぶことができます。もし，後者を選ぶなら，先生として守らせたい3つか5つの簡潔な規則でまとまるように，強いリーダーシップをもつように心がけてください。もちろん，規則については，きちんと子どもと話し合う必要があります。教師は，どんな行動が当てはまるかそれぞれについてわかりやすく実例を挙げて説明し，工夫する必要があります。

　壁に規則を貼り出して，必要な時に見ることができるようにするのはよい考えです。

> わたしは，掲示板の下の方のスペースに子どもの名前をサインさせるわ。規則に従うための委任状の印としてね。

クラス規則
1. ＿＿＿＿＿
2. ＿＿＿＿＿
3. ＿＿＿＿＿
4. ＿＿＿＿＿

変わり者
かっこいい気取り屋
メアリー・ブライアント

> わしは臨時の教師じゃが，教室に学級規則をもっていき，朝一番それを復習すると，子どもの行動を管理するのに助かると思うな。

いったん学級規則を作ったら，それを守らせ従わせるようにしましょう。そうでなければルールがあっても時間の無駄です。

具体的にどんな行動が期待されているかは子どもと定期的に話し合うべきです。

> だけど，3つか4つの規則だけでは教室での行動のすべてをカバーできないと思うわ。

> そうだね，だから子どもに期待する正確な行動を指導スタイルに取り入れて，いつでもはっきりと伝えることが大切なんだよ。

> それを明確なインストラクションと呼ぶのよ。

> もちろん，そうするために，たくさんの正の強化（29ページ参照）もしなくちゃ。

実例
「漢字練習が終わったら，静かに本を読むか，算数の問題をするか，今朝の詩のイラストを描いてください。」
「このグループには，こちらを向いて半円を描くように座ってもらいたいんだけど。ありがとう。」
「ジョニー，先生は，あなたが私の所に来るのにジェームズを押しのけてきたのを見てしまったのだけど。この教室の生徒はそういう時『ごめんなさい』と言うの。もう一度やってくれるかな。そうですね，よくできました。」
「班長さんは自分の班の地図を集めて棚にしまってください。」
「『体操の時間』と言ったら，本を机に置いて静かに集合して12組の後ろに並んでくださいね。」
「覚えていて。誰かが話し始めたら，おしゃべりはすぐにやめること。」

上のようなことは，子どもたちに明確なガイドラインを与えるという習慣，そして子どもにとってはほめてもらいながらガイドラインにあわせて行動していくという習慣をもつ，ただそういうことにすぎないとあなたも気が付くでしょう。

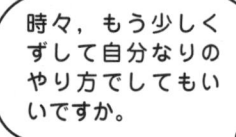

時々，もう少しくずして自分なりのやり方でしてもいいですか。

あぁ，もちろん。この考え方の根本は，一度子どもが規則を理解して守るようになれば，それが子どもの自然なパターンになるということじゃ。それからなら君はもっとリラックスできるぞ。

◆ ステップ2　毎日の生活手順と子どもにしてほしい行動を練習すること ◆

　行動パターンを確立するためには，練習の必要なことがよくあります。はっきりとしたインストラクションがあっても，何が正確に期待されているかが分からない子どもがいます。一度要求されている行動を実際に見て，それからその行動を練習すれば，子どもたちは本当に何が要求されているか分かるでしょう。

> "習うより慣れよ" ね

> それは，新しい行動を学ぶ必要のある子どもひとりひとりと，一緒にやってうまくいくんじゃよ。必要な行動をデモンストレーションするためには，グループか一人二人の子どもを使うといい。

いかにあなたの学級で確固たる習慣を成立させるか

1) 分かりやすい言葉で，必要とされる行動とそれがなぜ必要なのかをはっきり話す。
2) その行動を実際にやってみせる。
3) 子どもに練習させる。
4) うまくできれば前向きなフィードバックを与える。また，正しくなかった行動があれば，はっきり説明する。
5) さらに練習する機会をつくり，前向きのフィードバックを与える。

> そうですね。僕は子どもにフォークダンスのステップをお互いに教えあって練習させよう，現実問題としてね。

練習のための毎日の手順

―整列。
―体育に行く。
―先生が教室にいない時，静かに取り組めるものを見つける。
―算数や美術の道具を出したり片付けたりする。
―一人で作業する。
―他の教室へ移動する。
―グループで作業する。
―マットコーナー[5]に集合する。
―ゲームをする。
―教科書を返却する。
―教室の出入り。
―その他いろいろ。

例

　「このクラスの子どもは，自分で静かに取り組める仕事を見つける方法を練習しなければいけません。課題が終わった時にね。先生は，黒板にそういうものを全部書いておきました。さあ，算数を終わらせましょうか。すでに終わったつもりでね。次の10分間，上手に一人で静かにできることを探せるか，先生がようく見ていますよ。」

---

[5] ニュージーランドの小学校の教室には，マットを敷いたコーナーがあり，小黒板を置いて何人かを集め，グループ指導をおこなう。

> ジェーン，あなたが，静かにすばやく本を選んで本読みのために座ったのはすばらしかったわ。

> ジェニー，画用紙を出して絵を描きだしたのはよかったと思うよ。

> ニール，あなたが数学のパズルを出してマットの上で完成したやり方はよかったよ。

> シーラ，フェルトペンをメアリーに貸してもらうのに，ささやき声で頼んだやり方，先生は好きよ。

「みんな本当によくやりましたね。みんなが落ち着いて一日中こういうことをするのを先生はずっと見ていますよ。」

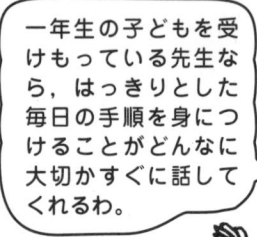

> 一年生の子どもを受けもっている先生なら，はっきりとした毎日の手順を身につけることがどんなに大切かすぐに話してくれるわ。

> もし一年生の始めにそれがうまくいけば，上の学年の子どもを管理するのはもっと簡単だよ。

◆ ステップ３　適切な行動には，正の強化をいっぱい与えること ◆

　よい行いを増やすための最適の方法は，それが起こった時に強化[6]することです。きちんと振る舞っている子どもを見ましょう。そしてきちんと振る舞わない子どもたちを注意するよりむしろ，その適切な行動をした子どもたちを励ましてあげるのです。

　強化は，一般的な行動にではなく，具体的な行動に（すなわち随伴的に）与えられるべきです。たとえば，「よくできました」と言うよりも，「ジョニー，君はとても丁寧に書いているね」。

　正の（プラスの）強化にはたくさんの形があります：微笑み，うなずき，特定のほめ言葉，教師との接近，抱いてあげること（ハグ），切手，スタンプ，ステッカー，証書，クラスや集会やお便りに名前を公表すること，よい行いをした手本としてできる活動，自由時間の許可，表彰，リーダーになること，お話を選ぶこと，キャンデー，食べ物，ちょっとした物，お金（少しだけ）。実際，子どもたちにその行動をもう一度やってみようかという気にさせるものなら何でもが強化になります。

「ジョニー，どんなごほうびを選びたい？」
「ゴメン，それは先生にだけなんだよ。」
「僕はお金がいいな」

　子どもにとって何が励ましになるのかというアイデアを得るために，次のことをやってみたらどうでしょうか。
―何が好きか，何に対してがんばりたいか，子どもにたずねる。
―暇がある時には何をするのが好きなのかを観察する。

「10分間好きなロックグループを聞くことは，子どもにやる気を起こさせるごほうびかもね。でも，ヘッドホンを使わせなければいけないわ。」

---
[6] 手段や道具を用いて行動が学習されるようにすること。アメリカの心理学者 B. F. スキナーのオペラント条件づけ理論によると，ある場面である行動をすれば報酬（トークン）を与えるという操作を繰り返すことによって，その条件でその行動が起きるようにする（トークン・エコノミー法）。

もしあなたが切手やお菓子のような実質的なものを使うなら，それと一緒に口頭でほめることも忘れてはいけません。そういうものは賞賛の威力を増すので，普通社会的な励ましにはあまり応えてはくれない特別なニーズのある子どもも援助することができます。

覚えていてください，正の強化は以下の条件を満たしていなければいけません。
―適切な特定の行動に，はっきり関係していること。
―子どもを動機づけていること（そうでなければ，強化にはならないでしょう）。
―できる限り，強化したい行動の直後に行うこと。

> 正の強化を使って効果的に行動を管理できる間は，
> 罰を使って子どもを管理するのはやめましょう。

適切な行動のために正の強化を使うやり方の中には，計画的にやれるものがたくさんあります。個人で，グループで，またクラス全体でできるものです。

以下のことを考慮してください。
―教師ができる最も重要な戦略は，実際に子どもがしているよい行為を正しく観察し，それに具体的な賞賛をしてやるという習慣をもつことです。
―それぞれの子どもの名前を箇条書きに書いた紙を用意する。子どもはよい行為をするたびに，それぞれの名前の横に印（✓）を増やしていきます。印の数で報酬が決まります。たとえば，10個でステッカー，20個で校長先生から表彰，30個で10分間の自由時間，40個で「おめでとう」レターを家に持ち帰るなど。
―特定の行動を目標とした表を作り，その表に基づいて一日に何度か子どもの行動を観察します（32ページ以降の3ページの表見本を参照のこと）。
―個人契約書を作ります（35ページ参照のこと）。それぞれの子どもについて表を作り，一日に4回評価します。クラスの規則をよく守ったら，その表にはんこを押します。はんこが増えるとごほうびをあげるようにします。教室を回ってはんこを押すのは，たった2，3分ですみます。
―班対抗方法，この方法は，先生が熱心にやればうまくいくやり方です。子どもたちをグループに分けて座らせると，より簡単に，効果的にやれます。

ツイ （NZの保護鳥）	水のみ鳥	ウッドペンギン	水玉ノカイツブリ
280	225	195	310
20	30	50	15

> 1グループだけを優勝させるのではなく，ある点まで取れたグループはそれぞれごほうびをもらえるとか，あるいはそれぞれのグループが一定の点数を取った時に，クラス全部がボーナスをもらえるようにしたらどうでしょうか。

―クラス契約書（36ページ参照）
―クラス，行動ゲーム（36ページの２つの例参照。）

ほめすぎにならないように気をつけなければいけないのではないかね？

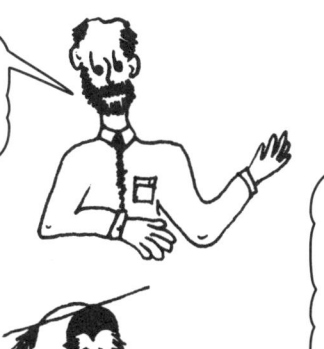

いやいや，教師の大部分はほめ足りないぐらいじゃよ。特定のよい行為に対してほめている限り，ほめるのが過ぎるなんて心配する必要はないとわしは思うね。
実際，正の強化が適切な行動の頻度を増やして，子どもを動機づけ，クラスの肯定的な雰囲気を作っているのに役立っていると考えたときには，ますますそういうことをせずにはいられなくなるものだとわかるじゃろう。

《パワフル・チューちゃんシート》

　1つか2つの目標行動を決め，ジョニーの「パワフル・チューちゃんシート」の時間ごとに，できたらサインするかスタンプを押すかしてあげます。もう少しフィードバックを規則的にしたいと思えば，30分ごとに分けることもできますし，遊び時間や昼休みにボーナス・ポイントをあげてもいいです。

パワフル・チューちゃんの
達成シート

名前＿＿＿＿＿＿＿＿＿＿＿＿＿＿＿

	月曜日	火曜日	水曜日	木曜日	金曜日
9:00〜10:30					
10:45〜10:30					
昼休み					
1:00〜2:00					
2:00〜3:00					

目標行動＿＿＿＿＿＿＿＿＿＿＿＿＿＿＿＿＿＿＿＿＿＿＿＿＿＿　第＿＿＿週

＿＿＿＿＿＿＿＿＿＿＿＿＿＿＿＿＿＿＿＿＿＿＿＿＿

《達成シート》

　前のものと同じです。でも，年長の子どもにはこの方がいいでしょう。この表でも前の表でも，数人かクラス全員を対象に使うことができます。

私の達成シート

目標行動＿＿＿＿＿＿＿＿＿＿＿＿　努力目標（1）＿＿＿＿＿＿＿＿＿＿

クラス　＿＿＿＿＿＿＿＿＿＿＿＿　　　　（2）＿＿＿＿＿＿＿＿＿＿

	月曜日	火曜日	水曜日	木曜日	金曜日
9:00〜9:30					
10:00〜10:30					
休憩 ボーナスポイントあり					
10:45〜12:00					
昼休み ボーナスポイントあり					
1:00〜2:00					
2:00〜3:00					
合計					

《ロビーちゃんロボットの「やったあ！」シート》

　活動結果を行動観察し，望ましい結果を増やすのに使えます。子どもに望む結果をとても詳しく具体的に書く必要があります。たとえば，漢字練習の時間に12語を書くとか，語句の練習時間に文を6つ作るとか。

　子どもを動機づけるために，目標達成できたら報酬を用意しましょう。たとえば，目標達成ごとに，2分間コンピューターを使えるとか。

ロビーちゃんロボットの「やったあ!」シート

名前 ＿＿＿＿＿＿＿＿＿＿＿＿＿＿＿＿＿＿＿

第 ＿＿＿＿ 週,

先生のサイン ＿＿＿＿＿＿＿＿＿＿＿＿＿＿

科目	月曜日	火曜日	水曜日	木曜日	金曜日

《契約書》

　上記の介入対策の多くは，ある種の契約書という形をとっています。どんなささやかな契約書であっても，始める前には注意深く子どもに説明をしなければなりません。

　正式な契約書というものは，行動面であれ作業結果であれ子どもに何を望むか，またその結果として達成できた場合にどんな報酬が与えられるかが明記してあります。
　注意！　契約書には，先生のと同様に子どもの同意とサインが必要です。

　契約書には，契約の期間，いつ，どこで報酬がもらえるのかが書かれてなければいけません。

よい子の契約書

```
もし，私が＿＿＿＿＿＿＿＿＿＿＿＿＿＿＿＿＿＿＿＿までに
＿＿＿＿＿＿＿＿＿＿＿＿＿＿＿＿＿＿＿＿＿＿＿＿＿したら
その時先生は私に＿＿＿＿＿＿＿＿＿＿＿＿＿＿＿＿＿＿＿

　　　　　　サイン　なまえ＿＿＿＿＿＿＿＿＿＿＿
　　　　　　　　　　先　生＿＿＿＿＿＿＿＿＿＿＿
```

クラスの子どもみんながごほうびをもらうためのターゲット・チャイルド（目標となる子ども）

　これは，特定の子どもがよりふさわしい行動が取れるように，クラスの残りの子どもが助けてあげられるよい方法になります。ターゲット・チャイルドの問題行動はクラスの中でオープンに話し合い，その解決プログラム（たとえば，前ページのプログラムのどれか）もまた説明するのです。その結果として子どもはクラスでの，ゲームタイム，お話の時間，体育や水泳の時間などを数分間延長するとかできます。
　この種のプログラムでは，ターゲット・チャイルドと残りの子どもとの間の相互交流を育てなければいけません。あまり友だちのいない子どもやクラスにあまり受け入れられていない子どもにとって役に立つものです。ターゲット・チャイルドに適切な行動が取れるために，ほめ言葉や励ましをあげたりできるようにクラスのメンバーを，トレーニングすることができます。

クラスゲーム「もういいよ！」

　先生は子どもをクラスの正面に来させて，黒板に向かって見えないように手で目隠しをさせる。それからみなの中から手を挙げさせて「もういいよ！」とか「こんにちは」と言う一人の子どもを選びます。正面の子どもは向き直って誰が言ったのか当てます。間違ってしまうと，場所を入れ替わってだました子がオニになることができます。声を出す子どもは誰かの作り声をしてもいいのです。
―数分間，時間が空いた時によい。
―静かなゲームになる傾向がある。

適切なクラス行動を増やすための戦略

《ハッピィフェイス》

「静かなクラスになる」などの目標行動を選びましょう。それが具体的にどんなことを意味しているか，授業中叫ばないとか大声で話さないとかを，子どもには説明します。静かなクラスでいる時には黒板のハッピィフェイスの中にダッシュ（棒線）が1本入るとクラスの子どもに話しましょう。ダッシュの数だけクラスゲームを延長できます。

　子どもが静かに勉強している数分ごとに，先生はクラスの静かな態度をほめ，ダッシュを書き足します。1日に2，3回，ごほうびの時間延長をします。

《行儀よくできたかなゲーム》

　クラスをざっと半分に分けます。黒板に線を引き，本をかたづけるのは早かったとか，いっそう静かな態度だったとかの，うまくやっている側に点数をつけます。昼休みになると，勝っている方が2分早くランチに行けるとか，それに類したごほうびをあげます。

《クラス契約書》

　クラスの全員がごほうびに見合うレベルに到達するという点以外は，個人契約書と同じものです。子どもたちがごほうびを選びます（たとえば，ビデオを見るとか外出などの）。1日から5日の間で契約書の有効期限を設定し，それからまた中身の違うほうびで次の契約を設定します。目標行動は，学級規則の中のいくつか，守るべき態度の1つか2つ，また勉強の成果にしてもよいでしょう。クラス役員に適切なごほうびを考えてもらうこともできます。

```
_____ クラスのみんなは
_____ の時 _____ できるでしょう。

              先生のサイン _____
                       _____月 _____日
```

◆ ステップ4　不適切な行動に対処すること ◆

> あーあ　ここは難しいなぁ

> 先生がいつも正しいことをしていたら、子どもたちは不適切な行動なんかするはずがないと思うわ。

> 本当にそのとおりだったらいいのじゃが。しかし、ああ、クラスには先生を試して、何ができるか見てみようという子どもが少なくとも2，3人はいるもので。

　残念なことですが，あなたが教室をどんなに魅力的にしようと，あなたが子どもに期待するものをどんなに明確にしようと，計画するプログラムがどんなに面白かろうと，また正の強化をどんなにあげようと，依然として不適切な行動をしようとする子どもがいます。そういう子どもは，以前に家でそう振る舞うことが習慣になっていたかもしれないし，前に受けもっていた先生を通じて不適切な行動を自分のやり方として身に付けてしまったかもしれないし，あるいはまた，あなたのクラスの中で自分を表現するベストショットとして定着しているのかもしれません。少なくともクラスの「水」をテストしているんです。自分が何を放り出すことができるか，先生が子どもの行動を管理する戦略をもっているかを見るためにね。

子どもが不適切な行動をするのにはたくさんの理由があります。
―空腹，あるいは疲れている。
―不安定な家庭環境。
―両親から今まで正しくしつけられたことがない。
―学校に飽き飽きしている。
―教師をコントロールしようとしている。
―勉強がうまくできない。
―友だちがいない。
―身体的，または性的ないじめ。　などなど。

　不適切な行動に対してはその理由のいかんにかかわらず，起こったときに教師がそれに対処しなくてはなりません（たとえ，無視するという選択をするとしても）。

先生に必要なのは自信と，すばやく効果的に不適切行動に対処するための戦略です。それは教室での混乱を最低限に抑えることになり，そのことにより子どもに次のメッセージを伝えるのです。
「この先生は自分の行動をコントロールするやり方を知っている。こんなやり方では自分の時間を無駄にするだけだ。自分はちゃんと振る舞うようにして，勉強に取り組んだ方がいい。」

不適切な行動に直面した時，教師は一連のオプションを試すことができます。その一つは懲罰です（もちろん，不適切な行動に対処するベストの方法は第一段階でそれを予防することです。つまり，明確な規則と手順，前向きの人間関係，正しい行動には正の強化，興味のある適切なプログラム，うまく組織されていること，などです）。

次のオプション，アプローチを考えましょう。

「ときにはこれらのオプションの3つ全部を使う必要があるぞ。」

―無視。
―積極的な罰なし法。
―懲罰の使用。

「すばらしいわ！いま私がしなくてはいけないのは，どれを使うか，いつ使うか，どの子どもに使ったらいか，決めたらいいだけよ！」

1．不適切な行動を無視すること

　この理論は，もしあなたがある行動を無視すれば，その時その子どもは当の行動のための強化を受けとらないし，その行動はさほど頻繁でなくなり，まもなく消えるだろうということです。
　考慮するポイントはさらに3つあります。
―無視された時，不適切に行動する子ども（たとえば教師の注意を引くために）は，しばしばもっとひどくそれをする場合があるかもしれません。不適切な行動は，それが下火になるまでに集中的に頻繁になる傾向があります。たとえば，教師の注意を引くために大声を出す子どもは，はじめ無視されるとはじめのうちはもっと頻繁にもっと大きな声で叫ぼうとします。
―教師は無視することによって一つの行動を強化しないかもしれませんが，その子どもは他の子どもから，またたぶんその状況の自分なりの見方から強化を受けとっているかもしれない。たとえば，「このことでサボれる」とか「みんなは自分のことをかっこいいと思うだろうな」とか。
―あなたが無視をしている間，クラスの他の子どもがもらっているメッセージはどんなものでしょう？「あの行動はそんなに悪くない，だって先生はそんなに困らされていないもの」それとも「ジョニーはうまくサボっている，じゃあぼくもやろうっと」あるいは，その行動はクラスの雰囲気にどのくらいダメージを与えていますか？

> う〜ん，無視するって私が考えたほど単純じゃないんだ。

　一般的に言って，無視は授業に対してあまり破壊的でない，あまりたいしたことのない行動に対して有効な対策です。もっとも私は選択肢2（訳注：積極的な罰なし法）との関連の中でよく使うのですけれど。一般的には，大声や，人を傷つけたりする破壊的攻撃的な行動は受け入れられないし，クラスで，その結果としての罰もなく，そういうことが起きるのを許してはいけないのです。

> 私は，ジョニーに伝言を頼んだ際に，彼の大声を無視するとクラスのみんなに説明したわ。

> 私は，自分が一貫性をもってできる時には「無視」を使うよ，それでなければ子どもを気まぐれに注意して強化してしまう。一貫性のない強化はかえって逆効果なんだ。

> 時々僕はあまりたいしたことのない行動には辛抱強くしているのがいいと思うよ，特に年度始めのクラスのスタンダード（行動基準）を作っている時には。

> フランクと彼の専門用語は気にしなくてもいいよ，彼は今年大学で心理学をとっているんだ。

> 私は，反抗的な行動はどんなものも無視するべきだとは思わないわ。それは絶対に許されないものだし，子どもにそれを分からせるべきだわ。

前もって，どんな問題行動が無視できるか，どの程度になると受け入れられないと判断したらいいか，また別の対策をとる必要があるのか，考えておくのはいいことです。

2. 積極的な罰なし法

　罰なし法は，不適切な行動をする子どもにそれを止めさせ，適切な行動を始めさせようとする方法です。

―他の生徒をほめましょう。近くの模範的な生徒を選び，その態度をほめてやりましょう。このやり方は，特定の行動がほめられているのを見たり聞いたりしている生徒が，自分もほめてもらうためにまねをして努力できるようにするためです。

（先生はジャネットがきちっと座って話を聞いているやり方が好きですよ。スタンプをあげます。ほかにもちゃんとしている人はいますか？）

（ジョン，手を挙げたね。この答えは何だと思いますか？）

（ジャネットとジョン，後ろに立ってみんなが教室を出て行くのに手を貸してくれてありがとう。）

（この班が静かにずっと算数をやっていたやり方にびっくりしましたよ。一人ひとりに10ポイントあげましょう。）

―不適切な振る舞いをする子どもに対しては，いい振る舞いをした時すぐに，その子どもをそのことでほめましょう。適切な行動へのいっそうの強化を，通常の場合よりも与えましょう。
―刺激して適切な行動に向かえるように指示しましょう。たとえば，静かに算数の問題をしなければならない時に一人の子どもが隣の子どもと話し始めた時に。

> メアリー，算数の時間がまだ10分あります。少なくとも後4問完成させてね。

> ジョン，取りかかるのが難しいようやな。最初の問題だけ手伝おうか。

> ナンシー，もう終わったの？ ジェームズの算数を手伝ってくれるかい？

> キャサリン，始めの3問はちゃんと合っているよ。4番を解くのを見てるからね。

> ナイゲル，昨日あなたの算数はとてもよくできていたね。今日も同じようにできるかどうか見させてね。

―なぜそんな行動をするのか理由を見つけるようにします。そうすると，あなたがその子どもに興味をもって援助の手を伸ばそうとしていると相手に示すことになるでしょう。もし，配慮を要する問題（親の問題とか，食べ物や睡眠が足りないとか，精神的なあるいは性的ないじめとかの）があると考えるのなら，その子どもだけか，その子どもと話せる誰か（校長とかカウンセラー）と話す機会ができるまで待った方がいいこともあります。

> アロン，今朝は元気があるようには見えないね，朝，家で何かあったのかい？

> ジェイン，あなたとレベッカは今日一緒に遊んでないね，お話してくれない？

> ジョン，君は算数の時間ひどくいらいらしていたね。この測定問題がそんなに難しかったの？

―子どもがその課題をうまくやれるかどうかチェックしなさい。もしできないようであれば特別な援助をしてやる必要があります。

―子どもに少しの間バディ（相棒）かヘルパーをつけてあげましょう。

―特定の子どもには集中プログラムを用意してあげましょう。具体的な適正行動を目標として。

> あ，そうなんだ。わたしメッセージの一つを使うといいんだ。「あなたが〜する時，私は〜というきもちがするよ，だって〜だもの」のように。[7]

> ブリジェット，君がたてるその音は勉強のじゃまになっているよ。僕は，君にほかの友だちのことをもう少し考えてほしいんだけどな。

―状況を明確化しましょう。受け入れられない行動とそのことで起きる結果を指摘してやります。

―不適切な行動と，もしそれが続いたらその後に適用される結果について話します。目的をもって静かに話し，対応していきましょう。それから，その子どもにオプションを考えるための時間をあげながら，学習指導を続けましょう。

> 何人かの子どもが不適切に行動している間，今まで述べてきた指導戦略のいくつかを使いながらも，教師はそのひとりひとりの生徒にいつも注意を払ってなくてはいかん。いつまでも不適切な行動をする生徒が一人か二人いるかもしれない。そうなった時には別の戦略を使いなさい。

---

7 親業訓練運動（PET）の推進者として知られるアメリカの心理学者トマス・ゴードンは，親子の対立を解消する方法の一つとして素直な感情表現としての「わたしメッセージ」の使用と効用を説き，実践した。カウンセリングの技法の一つとしても広く使われている。

3. 懲罰の使用（最終段階）

　そう，時には罰を使うこともやむを得ません。しかし，「罰」は激しい感情を起こすものなので，特定の行動に続いて起こる結果については話し合ったほうがいいでしょう。なぜかというと，
―懲罰とある種の行動を結び付ける。
―子どもよりも，受け入れられない行動に焦点を当てる。
―その行動をとった子どもが，それを乗り越える問題とみるように，また客観的に自分の行動を考えられるようになる。

　だいたいのところ，一連のやり方は正の強化と同じように使われます。
―具体的な行動に対して，
―できるだけ直ちに，
――一貫性をもって，
―効果的に。子どもが今後そのやり方はやめようというやり方に（強化が効果的であるのと同様に）。

　しかし　正の強化と違って，できるだけ罰は控えめに使います。
　また　小さな短期間での罰が，大きな罰と同じぐらい効果的で簡単に使えることがよくあります。
　また　罰は，強化を通して適切な行動を増やそうとする肯定的なアプローチからの続きとして使われるべきです。

　教師としては，授業中に不適切な行動が起きた時，それに対処するために自信をもってすばやくできる一続きのやり方をもっていることが必要です。

> 自信をもって効果的に，教師がどうやって不適切な行動に対処できるかということを見ることで，子ども（や親）の見方の中に教師に対する尊敬や権威がうまれてきます。

あなたが，不適切な行動のための一連の対処セットを使う時には平静さを失わず，目的をもってやりなさい。子どもの名前，受け入れられない行動，続いて起こる結果をはっきりと述べ，授業を続けましょう。

> ぼくが思うのには，どんな行動がよくないのか，その結果，先生は何をしようとしているかを実際にする前に話して聞かせるのが大切だよ。それで子どもはどうしたらいいか考えるわけだから。

> 同感よ。子どもは何かよくないことをしたら何が起こるか予想できるもの。子どもたちが結果を予測できるということは，よい行動を学ぶのにもたいせつな要素になるわ。

> 私は，子どもたちに何が期待されているか，何が問題行動なのか，またその後で起こることを話すということは，子どもの行動に責任をもたせるという意味があると思う。

> この罰については文句を言うなよ。僕は公平な裁判官なんだ。君は，他の子どもに絵の具をはじくという行動をしたんだ，そこで次におこなわなければいけないことは彼らの両親に謝りの手紙を書くことだと，君は分かっているね。

ジョーンズさん
スミスさん
バーンさん
シンプソンさん

不適切行動に対する段階的な罰の一例

1. 警告。
2. 謝罪を写す。
3. 10分間遊びに行けない。
4. 他の先生の部屋に30分間いる。
5. 校長のところへ行く。
6. 保護者との面談。

> わしは，罰をこんな風に使っている。子どもたちは間違った行動をしたら何が起こるのか予測できるように。そういうものを黒板に書いておくのも首尾一貫した指導をするために役に立つね。子どもたちは毎日，一日の始めにスタートして，2回目に保護者面談がアレンジされ，その次は，彼らは校長のところへ送られるという風に。

不適切な行動を抑えるための懲罰

《ダッシュ・システム》

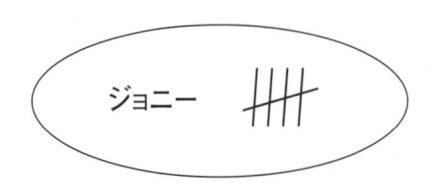

子どもに話しましょう。あなたが受け入れることができないと考えている行動について，また，それをするたびに，黒板のその子どもの名前を書いた丸の中にダッシュを書き，線1本（5回目）で次の休み時間の1分を失なうことになるということを（おそらく職員室の近くで）。受け入れられない行動をしている子どもに，おだやかにそう伝えて線を1本追加，そして勉強を続けます。もし子どもが文句を言ったら，線を1本追加します。線は全部その時間の終わりには消してしまいます（たとえば，9:00〜10:30）。

私の手の平に描いたこの丸をごらんなさい。もし，この中に線を書いたら何を意味しているか分かるでしょう？

（注意）もし子どもがわざと名前を書いたら，その時その子を別の先生の部屋に送らなくてはなりません。

スポーツデーやそのほかにも，これを使うことができます。

《あまりたいしたことのない妨害行為》

もし子どもが勉強の邪魔をするようなら，10分間その子の名前を黒板に書きなさい。子どもがちゃんとするようになったらすぐ，この子どもの名前の文字を一つだけ消しなさい。数分たってもなおきちんとしているようなら，次の名前の文字を消していきます。もし次のチャイムまでに全部の名前が消えたら，子どもは罰のために残っていなくていいのです。

一般的には，子どもたちを休み時間に残すのがいい方法だとは思いません。彼らはそれで罰を免れるのなら間違いをしてもいいんだと，初めのうちは思い始めるから。

《他の先生のクラスへ行かせること》

当然ながら，その先生からの事前の了解が必要です。子どもが行かされるクラスの先生は，その子どもに対していくらかいらいらした，よそよそしいように振る舞い，すばやく退屈な読み書きの課題をあげて，そのあと無視します。よそのクラスでのその経験がいくらか不愉快なものである限り，不適切な行動を続けることによってもたらされる懲罰になるでしょう。しかし，その時間は，15分から2時間の間に制限するべきです。

《2分のタイムアウト》

先生は，教室の後ろのスペースかコーナーに椅子を置きます。もし子どもが何かした時には，先生は「タイムアウト」と言って，子どもは2分間タイムアウト椅子に行って座らなければなりません。そのあと子どもは静かにプログラムに戻ることができます。先生（あるいはタイムアウトに行く子ども）は，

タイマー（卵ゆで用のタイマー？）を2分間セットし，始めてそのやり方を導入する時に，タイムアウトの手続きをクラスのみんなに実際にやって見せます。始めに警告をし，それでも行動が続く時にタイムアウトを使う先生もいます。

> 覚えておくこと：
> あなたが使う指導戦略は，始めに注意深く説明しなければいけません。そういうやり方が本当にその子どもの励ましになっているのか，罰しているのか，報酬と罰を注意深く選択してください。一貫性をもっておこなうこと！
> 誰かにあなたが計画したりやったりすることを手伝ってもらいたい時があるかもしれません。その時には，同僚やガイダンス・ユニットの先生，サイコロジストに相談してみましょう。

《クラスでの不適切行動を減らすために》
　クラスでどんな行動が受け入れることができないか，（具体的に）話し合いましょう。教室の黒板のコーナーに次のように名前と項目を書きます。
　もし子どもが，従順でないなら，どんな行動がそうなのかを静かに話して，名前を書き，授業を続けます。黒板にその後に起きる実際の手続きを書きます。

名前1回　　　何もなし。
　　2回　　　謝罪文をコピーする。
　　3回　　　10分間，教室に居残り。
　　4回　　　1時間，隣の教室ですごす。
　　5回　　　校長室行き。

次回は，名前5回で保護者との面談。
名前はすべて昼食時と放課後に消します。

不従順	他人への妨害
ジョニー	マーク
無礼行為	騒音
	ジェイン

謝罪文の見本

下記の謝罪文の見本（あるいは自家製の）を写す。そして、「謝罪文を写す」という罰の時にその行動、手続きを知らせ、子どもに謝罪文のコピーを手渡します。子どもは、今していることを止め、クラスの活動に復帰する前にそれを写さなければなりません。自由時間にそれをさせる先生もいます。

_____先生

わたしは腹を立てて、_____を傷つけようとしてしまいました。人を傷つけるのは、問題を解決するためには悪い方法です。かんしゃくを起こすべきではありませんでした。自分の気持ちを抑えるようにするべきでした。もし誰かに腹が立ったら、私はその問題を先生にもっていくべきです。その時先生は公平に問題を解決してくれるでしょう。そうすることで私は問題を起こさないし、先生はそのやり方を気に入ってくれるでしょう。自分の感情を抑えられるので、自分も満足します。これは自分が大人らしく振る舞っているということです。

_____先生

_____で_____なので、私の名前が指摘されました。こういう行動は私の役には立たないし、実際勉強ができなくなっています。私は、学ぶために学校にいるので、勉強を妨げるこういう行動を止めるべきです。私の行動は授業を邪魔しているので先生にも迷惑をかけています。先生は教えるためにここにいて、私は勉強するためにここにいます。私の行動が先生の指導と私の勉強を妨げているのなら、私には何の役にも立たないし、先生やほかの生徒にも役に立ちません。
私は、軽率な私の行動を謝りたいです。明日はもっとよい行動をするようにします。

不適切な行動に対処するためにもっと大切なこと

1) 一人ひとりの子どもを知りましょう。ある特定の子どもはほめられるとどう応えるのでしょう。そのあとは？その子どもは無視されたり，罰を受けたり，何かに直面すると悪態をついたり反抗したりしますか。

　　どんな指導戦略が個人個人の子どもによく効くものか，早く見つけることによって先生のストレスや葛藤を減らすことができます。

> ジョニーにごほうびや励ましをいっぱいあげている限り，余計なトラブルを起こすはずはないわ。

> スーは真正面から対決するのは避けたほうがいいタイプよ。一番いいのは，注意をひきつけようとする彼女の行動を無視して，勉強を始めるのを手伝ったほうがいい。

2) 援助をもらいましょう。一人で悩んでないで，同僚からアイデアと援助をもらいましょう。

> 問題を分かち合うということは問題が半分になるということさ。

> ステップ3（罰の使用）にいくようなら，子どもが一人僕の教室に来るのはぜんぜんかまわないよ。

3) 子どもが学校で重大な問題を起こすのを待つより，保護者に連絡を取って早めに両親の支持を得ましょう。

4) 柔軟に，問題解決の姿勢をとりましょう。本当に難しい子どもにとっては，簡単な答えも解決の魔法もありません。しかし，戦略をもてば，彼らの行動に何とか折り合いをつけられるようになります。

> この魔法の杖が効くかしら。

> この魔法の水薬が治せるかも。

5) もしひどく混乱するような事態になっても，決してあきらめてはいけません。一部分だけを一つずつ取り上げて計画を実行しましょう。

> 実際のところ，どの子どもも学校でうまくやりたいと思っているんだ，ってことを知ってたかね？ みんな勉強をがんばりたいし，ほかの子どもとも，先生ともうまくやって好かれたいんじゃよ。

> そうよ，かわいそうに，あの子たちはどのようにしたらいいか，学んでこなかったのよ。

> ふうん，どうしたらいいかをいままで学んでこなかったのなら，私にとっては教えるいいチャンスになるわ。

6) 本当に難しい子どもに感情的に巻き込まれてはいけません。

子どもの不適切行動管理についてのより分かりやすい方法は，マーティン・ヴァン・デア・クレイによる行動統制法を示した『破壊的な子どもたち』がある。

4．よくある，先生の間違い

●単純で明快なインストラクション（教示）がない。
（例）教師のインストラクションが長すぎたり，また多く与えすぎたりする。
●クラスの毎日のやり方がはっきりしていない。
（例）子どもたちがやかましくクラスに入ってきて，直に席につかない。
●教師の準備不足。
（例）子どもたちが待っているのに，それから黒板にやることの指示をする。
●教師の怠慢。
（例）動き回って，子どもに声掛けをしたり指示を与えたりするのではなく，ただ机に座っている。
●不適切な行動に対して関心をもっているだけ。
（例）不適切だけれどもあまり深刻でない行動に気をとられていて，適切な行動ができるための正の強化を与えていない。
●一人の子どもにかかわるのが長すぎる。
（例）課題に参加せず落ち着きのない子どもがいるのに，一人の子どもへの指導だけを続けている。
●明確な教育哲学をもっていない。
（例）他の人に感じよく話すように教師がはっきりと言っていないので，子どもがお互いにぶっきらぼうに話している。
●騒がしい落ち着きのないグループ活動。
（例）自分自身で活動しなければならないときに，子どもが立ち歩き，騒がしくして課題についていない。
●罰での脅かし。
（例）教師が罰すると言って頻繁に脅かすが，めったにその脅しを実行したことがない。
●一貫性のなさ。
（例）ほめてばかりいたり，別の時にはほとんどほめなかったり，また不適切な行動を無視したり，その次にはそうでなかったり。
●容認できない行動を無視している。
（例）止めるだろうという希望的観測で，騒がしい妨害行動を日常的に無視している。
●先生のしゃべりすぎ。
（例）何度も課題を説明した後，批評をつけ加え，きちんと課題をしている子どもの邪魔をし続ける。
●あまりうまくいってない授業や活動を継続している。
（例）子どもが性急で落ち着きのない時に難しい数学の概念を理解させようと続ける。
●子どもの前で教師の気が変わる。
（例）受け入れがたい行動のために罰執行中でも，子どもがしゃべるのを許している。
●自信のなさ。
（例）挑戦的な子どもにどう対決したらいいか分かってないとクラスに思われている。
●長期間の退屈な授業。
（例）教師が活動を変化させていったり，何かのやり方で面白くさせたりするのではなく，子どもにいつも同じような書く課題などをさせている。

●子どもに対して長くわめきたてる。
（例）その不適切な行動やその結果などについて話し，それから授業を続けるのではなく5分間生徒に向けてどなり続ける。
●不適切な活動。
（例）子どもがやり遂げるのにあまりに難しい課題とか，時にはやさしすぎる，つまり刺激のない課題。

第6章　計画することと組織すること

「用意周到」これは僕がボーイスカウトで学んだモットーだよ。

それは，計画したり組織したりすることなしにはできないよ。

効果的な指導と学習は，ただなんとなく起きるのではありません。計画されなければならないのです。そして，ものごとは，あなたがよく組織しなければ，あなたが望む方向には起こらないものです。

授業計画を見る前に長期計画を見てみようぞ。

…それから時間割も

週　案
月：今日はだめ，ありがとう。
火：ごめんなさい，頭痛が。
水：真剣に考えなきゃね。
木：今週は授業する値打ちなし。
金：特別企画，POETSデー
　　（明日は土曜日，さっさと帰ろう日）。

さて，「教師サバイバル7つ道具」を組織したほうがいいな。

中身：＊ごほうびにあげるビー玉のセット2箱
　　　＊鎮静剤2錠と，のどトローチ3錠（今日の午後までに必要になるかも）
　　　＊しみ防止用セット服
　　　＊余分の鉛筆6本
　　　＊耳栓
　　　＊暖房が切れた時のための予備のソックス
　　　＊癒しの音楽カセット（帰り道に心を静めるための）
　　　＊予備の授業計画3時間分（授業がうまくいかない場合の）

◆ 長期計画 ◆

　各教科で１年を通じて子どもに何を獲得させようとしているのかを知る必要があります。
―公的なカリキュラムが要求しているものが何なのか
―学校の教育方針が要求しているものは何か？
―具体的な教育計画がセットされているか？
―その年のある時期に特別なトピックをカバーする必要があるか？

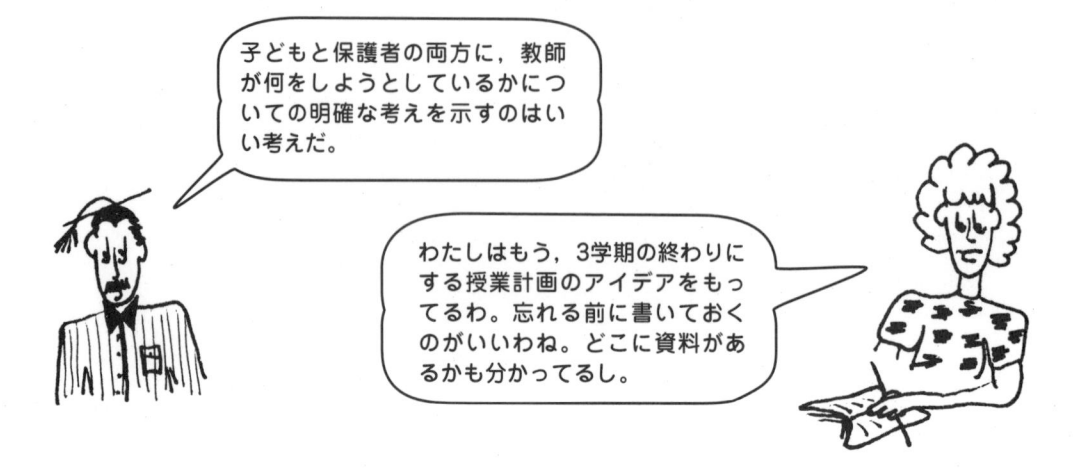

> 子どもと保護者の両方に，教師が何をしようとしているかについての明確な考えを示すのはいい考えだ。

> わたしはもう，３学期の終わりにする授業計画のアイデアをもってるわ。忘れる前に書いておくのがいいわね。どこに資料があるかも分かってるし。

　長期計画は，子どもたちに何を学んでもらいたいか，あなたの１年間の展望を拓くものですし，自分のカリキュラムの中身が年間計画のすべてをカバーしているかを確認できるものです。また，バランスの取れた教育の全体を形作るために，それぞれどの科目が統合できるものか考えることもできるようになります。

◆ 時 間 割 ◆

どんな科目を教えるか？ いつ教えるか？ どのくらいの期間で教えたらよいのか？

9時から12時半，それから1時半から3時まで授業の学校もあるし，午前と午後の間を平均に分ける学校もあるし，8日制の時間割[8]をもっている学校もあるし，それから，…そんなこと知っていた？

もしできるなら，私は午前中に国語と作文，算数をやりたいわ。

知ってたかい？ 子どもは一般に，午前中がより集中できて，最も学習できる時間帯じゃと。つまり，こういうことになる。
1時間目　9：00～10：00AM
それから休憩のあと
10：50～11：30AM
それから昼食後　1：00～1：40

私の学校では，われわれは1日に算数を1時間，国語を1時間，作文を40分やることになっているよ。

　1日のうちで，主要科目をどう時間割に組み込むか，よく考えてみましょう。たいがいの先生は，国語と算数を1日の同じ時間に組んでいます。すると，子どもは同じ手順でやれるわけです。あなたは，休み時間か昼食後の時間割に，書道や読書や物語の時間のような静かな科目を当てることが必要ですか？

　体育やダンスなどはどういう時間割にしますか？　全員参加できるように午前中の1時間目？　あるいは，昼食後すぐ（研究結果では，そうすると午後の問題行動がなくなるそうです）？　あるいは，1日の終わり？　すると子どもたちはその午後を楽しみにするようになります。

8　ニュージーランドでは，6日制や8日制の時間割を採用しているところも多い。土曜日はスポーツデー，日曜は教会に行く日で，週5日制の中で行事等を組むので担当科目の不公平をなくすために，時間割をローテーションしていくことができる。

> わしは，血の巡りをよくすることを朝の一番初めに考えたいね。

> 私はそれなら1日に3回するわ。それじゃ，音楽や科学はうまく組めそうもないわね。エヘヘ。

> 僕は何か独創的な時間割を作るよ，教室を出てからの僕自身の時間割もね。

　一番大切なことですが，毎日の教科とさまざまな活動との間のバランスが取れていますか？　それから，何も忘れていませんか？

◆ 一時限の授業計画 ◆

　効果的な学習を計画するためには次のことが分かっていなくてはいけません。
—何を達成させようとしているのか？（目標と結果）
—どのようにそれを達成させようとしているか？（方法とプロセス）
—どんなリソースが必要なのか？（時間，教材，人，設備）
—目標を達成したかどうかをどのように評価しようとしているのか？

次の項目を考えましょう。
目的—本時の目的は何か。
具体目標—どんな具体的な生徒目標を望んでいるのか？
指導／学習の目標—学ぶべきキーポイント，スキル，理解事項は何か。
　　　　どんな発問をしたらいいのか（書いてみましょう）。
　　　　具体的に説明しなければいけないことは何か。
　　　　練習しなくてはいけないスキルはあるか。
教育方法—指導／学習のポイントをどういうやり方で生徒に教えていくつもりか？
例—教師の説明
　—教師主導型のディスカッション
　—発見学習[9]
　—協同学習[10]
　—調べ学習か，生徒の個人作業

> 子どもが喜ぶというのが私の望んでいる成果のひとつよ。

> さあ，どのように授業を面白くさせられるか考えてみよう。

―教師の質問型授業
リソース―どんな教材を使おうとしているのか？
それは適切か？　それらはどこにあるか？
予約する必要があるか？
十分か？　それは子どもに興味深いものか？
活動―子どもは何をするのか？　聴くこと，書くこと，訪問すること，作ること，イラストを描くことなど。これらの活動は生徒にとって面白いものだろうか。学習が一層進む別の方法はないのだろうか？　その活動は生徒全員に適切だろうか？

グループ，または個々の子どものためのバリエーション
―グループはそれぞれ違ったことをするのか？　ゆっくり学ぶ子どものために活動を修正するべきか？　活動のバラエティがあるべきか？　子どもがするのにその時間の全部が必要か？　できる生徒のための延長活動はどうすべきか？

学習の評価
―子どもたちにどんな学びが起きてるのか，どのように見つけようとしますか？　書いたレポートによって？　口頭試問，書いた答え，テスト，選択肢問題，グループ評価？　アセスメントの方法は十分正確か，あるいは十分徹底しているか？

> そうだろうね
> 私は注意深くアセスメントをするわ。
> ぼくは，勘でやるよ。
> 子どものために？ふーん。私はこの単元を8回もしたわ。もう，やり方を変えるつもりよ，あきあきしてるもの。
> 理事会はブレインストーミング[11]段階だよ。
> 私は子どもを計画に参加させるよ。彼らは本当に熱心にやってくれるし，アイデアをいくつか出してくれるわよ。
> メアリーと私は，計画を一緒に考えた時にずっとうまくできると分かったよ。

9　知識の伝達ではなく，現象や法則を学習者自身に発見させることを目指す授業理論。
10　対人関係の改善と，より高い学習達成度とを目指したグループ学習理論。グループの中では，各生徒は違った役割をもち，違った課題をもって協力活動する。
11　各人が自由に考えを出し合って，問題を解決したりアイデアを生み出す解決法。

◆ 授業計画と評価シート ◆

目　　的
_____
_____

望まれる具体的な成果
_____
_____

指導・学習のポイント（主な設問等）
_____
_____

指導方法
_____
_____

リソース
_____
_____

子どもの活動
_____
_____

個性的な子どものためのバリエーション
_____
_____

学習のアセスメント
_____
_____

注意事項
_____

＊これらの行は空欄にしておき，授業・単元後の評価を書き込む。

◆ どうしたらもっと興味深いプログラムを計画できるか？ ◆

- ものごとを違った風にするように計画することで，私は古臭い，退屈な先生にならずにすんでる。

- うちの子どもたちは机に座りっぱなしの勉強をやりすぎていると思う。もっと教室から出て行く必要があるなあ。

- 私のクラスはプリント学習が多すぎると思う。もっとオーラルワーク（発表課題）をするつもりよ。

- われわれは次の2日間はずっと美術をするよ。

- ぼくは子どもにもっと興味をもたせるために，協同学習グループを作ろうと思う。

- 私のクラスでは，毎週木曜日の午後は完全に違ったことをするようにしてるの。

- 私は時間割を学期ごとに変えるわ。

- ジョンと私は決まった単元でティームティーチングをすることに決めたよ。

- 単元を計画するたびごとに，私は前にはやらなかった何かを入れるつもりよ。

- 私はアイデアを探すためにいくつかの研修に参加するわ。

- 私は子どもからいくつか新しいアイデアを募集することにしたいわ。

- 来年クラスのレベルを上げることができるかどうか見てみよう。

- 私は1週間に1回，ビジター（訪問者）に来てもらうように計画しよう。保護者か地域の誰かが来てクラスで何か面白い話をしてくれるかなあ。

- 学期に2回ゲームの午後をもつようにするわ。

- わしは，ひとりひとりの子どもたちが興味をもってやれることを見つけられるよう努めてみるよ。そして子どもたちがそういう興味を引き続き伸ばしていけるかどうかみるよ。

- 私は指導方法を変えてみるつもり。

- 子どもたちがしようとする活動に十分なバラエティがあるだろうか？ どれどれ，マットの上での勉強，グループワーク，机の上での個人作業もあったな。

◆ 準備すること―それは大変重要です ◆

> しっかり準備ができていなければ、効果的なクラスのプログラムをすすめることはできないわね。

> あぁ、分からない。ぼくは最低限の準備で何かをするのが、かなり得意なんだけどね。

> うん、ほかの先生には分からないものね。

　準備することは、クラスの学習機能を滑らかにまた効果的にさせる潤滑油のようなものです。それにはこういうものがあります。
―あなたの時間をうまくやりくりすること。
―必要な時に仕事（採点や計画作成）に精を出すこと。
―定期的に記録を更新すること。
―日々の手順を練習すること。
―前もって資料を準備すること。
―何を達成させようとしているかが分かっていて、それを関係者に効果的に伝えること。
―何が期待されているかを確実に生徒に知らせること。
―授業の準備。

「グループワークというものは，十分な事前準備が必要なものなんだよ。」

「低学年のクラスの先生の多くは，このような枠の入った表を使い，ベルで交代のサインをしているわ。」

グループワーク

先生と一緒に	プリント	読書	二人読み
11：00　　1	2	3	4
11：15　　4	1	2	3
11：30　　3	4	1	2
11：45　　2	3	4	1

「私は一年の初めに，グループワークをとてもしっかり構成するの。」

「僕は初めの4週間の間は，グループに密着してたくさんの時間を費やすことにしているのさ。だから，子どもたちはグループワークになったときに何が期待されているかを正確に理解しているよ。」

「早くおわった子どもたちには何か課題を用意してます？」

「クラス全体が別々に全体読書をしたり，また時には，全体が読書している時に1グループだけその日の課題を説明したりする。だから，1つのグループに問題の説明をしている時に他のグループが何にもしないということはないね。」

「やりくり可能な以上のグループを作ってはいけませんわ。3グループで十分でしょう。」

◆ 準備というのは ◆

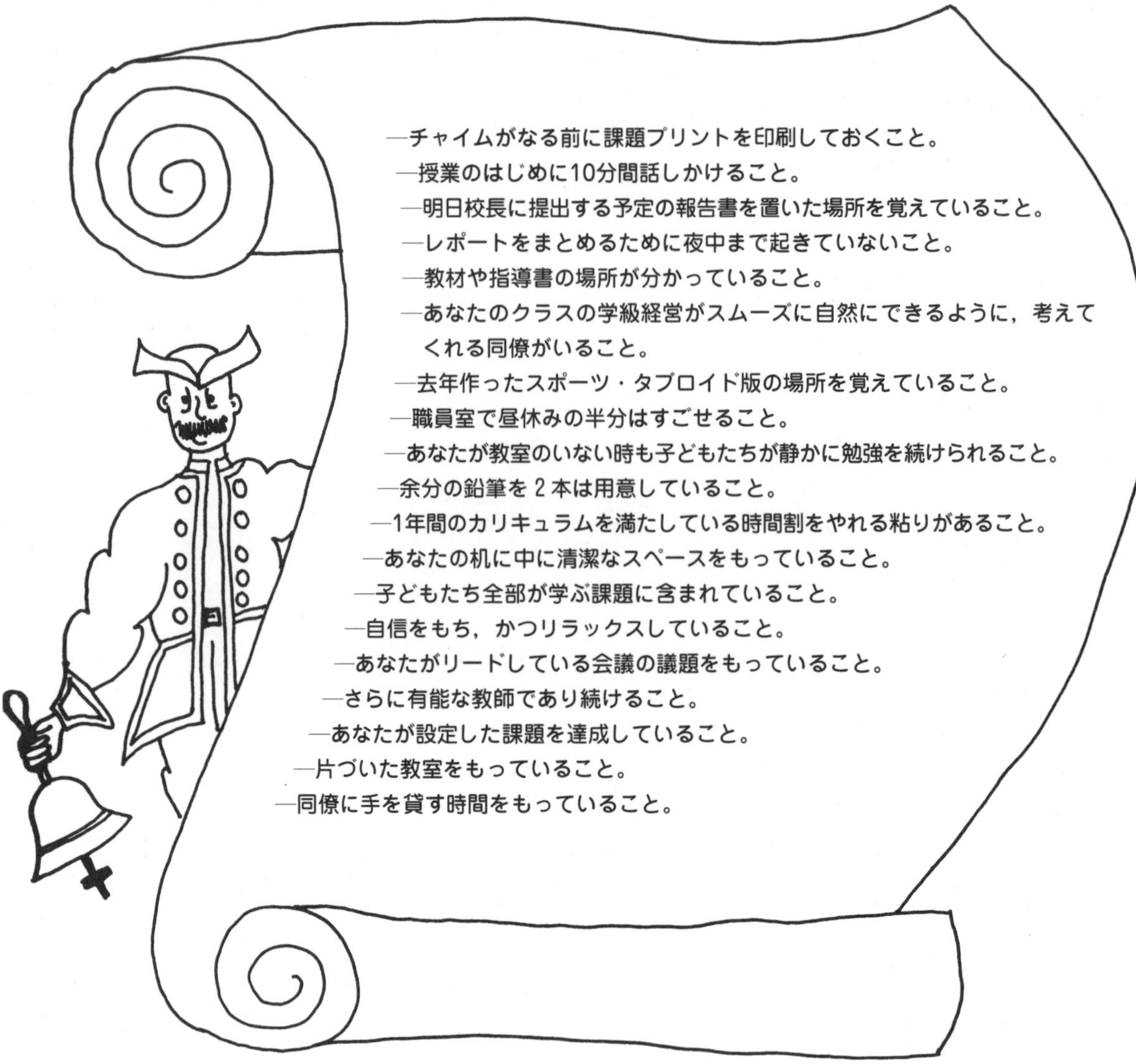

―チャイムがなる前に課題プリントを印刷しておくこと。
―授業のはじめに10分間話しかけること。
―明日校長に提出する予定の報告書を置いた場所を覚えていること。
―レポートをまとめるために夜中まで起きていないこと。
―教材や指導書の場所が分かっていること。
―あなたのクラスの学級経営がスムーズに自然にできるように，考えてくれる同僚がいること。
―去年作ったスポーツ・タブロイド版の場所を覚えていること。
―職員室で昼休みの半分はすごせること。
―あなたが教室のいない時も子どもたちが静かに勉強を続けられること。
―余分の鉛筆を2本は用意していること。
―1年間のカリキュラムを満たしている時間割をやれる粘りがあること。
―あなたの机に中に清潔なスペースをもっていること。
―子どもたち全部が学ぶ課題に含まれていること。
―自信をもち，かつリラックスしていること。
―あなたがリードしている会議の議題をもっていること。
―さらに有能な教師であり続けること。
―あなたが設定した課題を達成していること。
―片づいた教室をもっていること。
―同僚に手を貸す時間をもっていること。

私はちゃんと計画もしたし準備もしたわ。でもうまくいってるようには見えない。子どもたちの頭の上をかすっている感じよ。

それをカバーするものがいるんだ。
―明確な教育哲学
―人間関係を発展させること
―クラスを活気づかせること
―行動管理
―計画と準備
とかね，僕はいまだに効果的にはできない。

次の章に移ろうかの，子どもたち全員に効果的な学びが起きるように。

第7章　すべての子どもたちに起こる効果的な学び

（わしが語らなければいけないのは，効果的な学習指導，それとも効果的な学習？）

（ふたつは同じもの？　それとももう一つは，もう一つよりも大切なんでしょうか？）

　学習指導がどんなにすばらしいものであったとしても，それは効果的だというのとは違います。学びが子どもたちの上に起きてるのでなければ。教師は学習結果に焦点を合わせる必要があります。結局それが学習指導の理由ですから。

（だけど，効果的な学習が子どもの頭の中に起こっているとどうやって分かるんだい？）

（指導前と指導後の注意深いアセスメントによって分かるのよ。）

◆　アセスメント　◆

　子どもが現在知っていることや，どんなレベルの知識やスキルをもっているかをアセスメントしなければ，効果的な教育プログラムを計画することはできません。アセスメントを徹底的にすればするほど，学習指導はより適切でうまくいくようになります。

子どもをアセスメントする方法としては，
- 観察。
- 口頭試問。
- 筆記テスト。
- 注意深く構造化された質問。
- 学校の進度表。
- 学習のサンプル。
- 前担任と話す。
- 両親との面談。
- スキルのチェックリスト。
- 子どもへの質問。
- 標準テスト。

> 子どもの個人素点を記録するためのノートとか，一人ひとりのための個人記録ノートとかが必要だよ。

> 子どものノートや学習サンプルを入れておく個人ファイルを作るのはいい考えね。レポート作成とか保護者面談がずっとやりやすくなるわ。

> 今，私には子どもがどのレベルにいるか分かっているわ。だから目標を立て，プログラムを考えることができる，計画の段階に戻ってね。

> 子どもをアセスメントするときに，どんな学習領域においても次の3点は見なくてはいけないな。
> ―現在のレベル
> ―得意な分野はどこか
> ―具体的に学習ニーズがある分野

> その時に，子どもの現在のレベルで始まる適切なプログラムを計画することができるよ。
> 現在の強さのうえに構築し，具体的な学習指導や練習を通して学習ニーズをカバーできるような。

> 子どもの学習能力が分かっているというのはいいことだ。だからこそ，その学習を適度な大きさのステップや十分な練習に分解することができるし，それでその学生は各ステップで成功を勝ち取ることができる。

> だけど，クラスの34人の子ども一人りひとりをアセスメントするための時間をどうやって見つけるの？

> ここはグループ分けの出番だよ。

> それに，もし子どもが全部違ったレベルにあるとしたら，34の違ったプログラムを準備するの？

> グループワークか，個人プログラムかというのがうまくいくための鍵は，徹底的な準備と組織化です。

> それから，注意深く構造化された学習教材，それでクラスの子どもたち全員が適切なレベルで勉強できるようになります。

年度始めに導入段階のアセスメントをするためには，たとえば本読みの時に教師は，
—学校の進度表を見る。
—前の先生の記録で，どんな教材を以前使っていたかを見る。
—子どもが読むのを2，3分聴く。
—標準テストを実施する。

　こういうことをすれば，子どもの現在のレベルと能力についてはっきりした見通しがもてます。子どもたちを適切にグループ分けするのには十分でしょう。一年中を通して，アセスメントを継続すれば，個人の強さを発展させ，個人のニーズを目標にすることができるようになるでしょう。グループ構成は，あなたがより注意深くアセスメントするにつれて，また子どもの進歩のレベルも違うので，一年のコースの中で変えていく必要があるかもしれません。
　グループは普通三つぐらいです（平均以上，平均，平均以下），それにつけ加えて，個人プログラムをする1人か2人の能力の限定された子どもと，延長個人プログラムをする1人か2人の特に優れた子ども，あるいは同じ種類のプログラムをする子どもたち全員，というように。でも個人のレベルに応じて適切な違った教材を使って教えることもいるでしょう。その時特別な分野で同じニーズをもった（読解力スキルなどの）子どものグループを引き出して教えることもできます。

◆ 学習指導 ◆

- いったん子どもをアセスメントして、学習目標を設定し、プログラムを計画したら、さあ、学習指導の始まりじゃぞ。

- すでに言われたことを全部思い出すのよ。プログラムを興味深いものにすること、それを子どもが達成できるか確かめること、そして変化に富んだ指導方法を取ることだったよね。

- プログラムは、具体的な単元の学習指導か、スキルの練習か、組織的な学習活動、あるいはその全部（もっとほかにもたくさんあります）になるよ。

- 覚えていなくてはね、能力の限定された子どもには、反復学習がもっと必要だし、学習ステップもより小さくする必要があるって。

- さて、今週私がやってみる指導法はこんなものかな。
  - スキルのダイレクト・ティーチング
  - 強化学習のためのプリント学習
  - 協同学習グループ
  - 先生主導の討論
  - 個人別調べ学習

  来週は、ピア・サポート[12]も使ってみたいな。

- さて、子どもにやる気を起こさせる必要があるわ。それぞれの子どもに課題がそれぞれ設定していて、それに合っているよう自分がどの、教師である自分がどのようにその進歩を見ていくかだわ。

- 先生が教育熱心だったら、子どもたちも学ぶのに熱心になるものなんだよ。

- 発問の設定は、有能な先生に成長していくスキルの一つですね。

- 発問の目的は、一般的に言うと、単に実際的な答えを得ることではなくて、子どもに働きかけて考えさせ、内省させ、理論化させ、そして一般化させることなんだ。

発問のポイントをまとめると
―単にイエス・ノーという答えを引き出すだけの単純な発問をしない。

12　Peer は年齢を同じくする仲間のことで、ピア・ヘルピング、ピア・チュータリング、ピア・カウンセリング、ピア・コーチング等で呼ばれる一連の子ども同士の支援活動をいう。

―まず，子どもが考えなくてはいけない発問をする。
―それから，その同じ子どもか別の子どもにその答えの理由をたずねる。
―それから，その子どもか別の子どもにその理由付けが別の問題に適用できないかたずねる。
―それから，その答えが正しいか間違ってるかを教師が言ってその質問をおわらせてしまうのではなく，別の子どもに答えを聞く。
―その発問の答えを何人かの子どもに考えさせる。
―子どもに，意見や理由や根拠をたずね，答えが合ってるか間違ってるかという質問にしてしまわない。
―子ども同士で質問させる（誰が質問と答えのやりとりの一番長いチェーンを作れたかを覚えておく）。

ほにゃらららら，なんたらかんたら…
フレッド先生は実際には，そんなに僕ほどダイレクト・ティーチングはしてないよ
もしマックス先生がそんなに子どもにおしゃべりじゃなかったらなぁ。代わりに，子どもに適切な学習活動を通じて学ぶ機会をあげたらいいのになぁ。
退屈な生徒たち
プリントの山
さあ，わしが使ったどの学習指導戦略が一番成果があったか見てやるぞ。
これを子どもの気をそらさないでうまくやるにはどうやったら？
う～ん，実際のところ教師がしゃべるのはできるだけ少ないやり方よね。
効果的な指導は子どもの学びになるんだ。だから学習成績結果という点で評価されることになる。
すっげぇいい方法だろ？
校長
効果的な学びが起きている限り，私は，先生たちがどんな指導方法を使おうとかまわないよ。しかし，私が思っていたのとはかなり違うけどね。
学習目標が達成されているかどうかを見るには，もっとアセスメントがいるんだ。
今，効果的な学びが起きるようにするべきなのよ。でも，それをどうやって確かめたらいいの？
そこのところで，自分が優秀で，有能ですばらしい教師であると分かるのよ。

◆ 再アセスメントと学習指導の評価 ◆

- アセスメントを済ませ，学習目標を設定したわ。
- 計画して，指導プログラムを実行したわ。
- 今，学習目標が達成されたかどうかをチェックする時ね。

ここで，注意深い評価がいるんだがな。

テスト結果の平均は48点から73点に上がった！

それはすごいわ。でも，それだけでは，子どもの3人が進歩してないという事実は見えないわね。

私は子どもの進歩を1年の真ん中と終わりに評価することにしてる。

それって，ぜんぜん進歩してない子どもがいるって気づくのに半年かかるってことね。

　学習の進み具合は，各学習単元の終わりにする徹底的な評価と同様，定期的に観察記録することが必要です（毎日とか毎週）。定期的な観察記録はとても大切です。だからこそ，子どもが問題をもっているかどうか（それでその問題を解決するために指導したりプログラムを修正したりします），教材を消化したかどうかをすばやく見つけることができます（そして，もっと上級の教材が必要かどうかも）。

学習の進捗を観察するためのアイデア
- 子どもを評価するためのいままでの方法を見直す。
- 毎日1教科のノートを集めて採点する。
- 子ども一人ひとりの進み具合や採点結果をノートに記録することなしには，1週間をすごさないようにする。
- 年度のはじめに進捗状況を記録するシステム（ノートの規則）を工夫する（戦いの半分はこれで勝ったようなものです）。
- 教室での机間巡視の際，子どもの2，3題の算数問題だけ（全部ではなく）を個人的に採点する。
- 子どもに自分自身の点数と進み具合を記録させる。この作業は一度どうやるか見せておくとうまくいきます。もしあなたが，結果をどのようにグラフ化するかを教えておくと，進歩状況（あるいは不振の）が一目で分かるでしょう。
- 授業の間，子どもの学習具合をチェックしながら教室を回る。
- 一人ひとりに定期的に学習結果見本を入れておく個人ファイルを持たせる。
- 学習前テストや学習後テスト，学習中にも1，2回のミニテストをする習慣をもつ。
- あるいは，プログラムの結果として起きる進歩を示している学習前や学習後の作業見本を示す。
- 多分，具体的な結果のチェックリストを使い，一人ひとりの子どものリストを採点する。

―個人の結果をグラフにする。
―3，4人の子どもの本読みを毎日聞き，コメントする（さらにいいのは，継続的な記録をつける）。
―子どもたちが友だちの進歩を採点し記録するように指導する。

　学習観察記録をつけることで，学習プログラムの修正や個別指導が必要な子どもが誰か分かることがよくあります。
それによって学習計画を修正していきましょう。
―似たような問題をもっている子どもが何人か見つかるかもしれません。そういう子どもはひとまとめにして問題を解決するための指導をします。
―子どもたちの何人かは，もう少し練習するためのドリルが必要かもしれません。
―援助の必要な子ども1，2人には，少しできる子どもと組み合わせてバディ（相棒）にしましょう。
―別の2，3人の子どもには1人でできる上級用のプリントをさせるようにします。

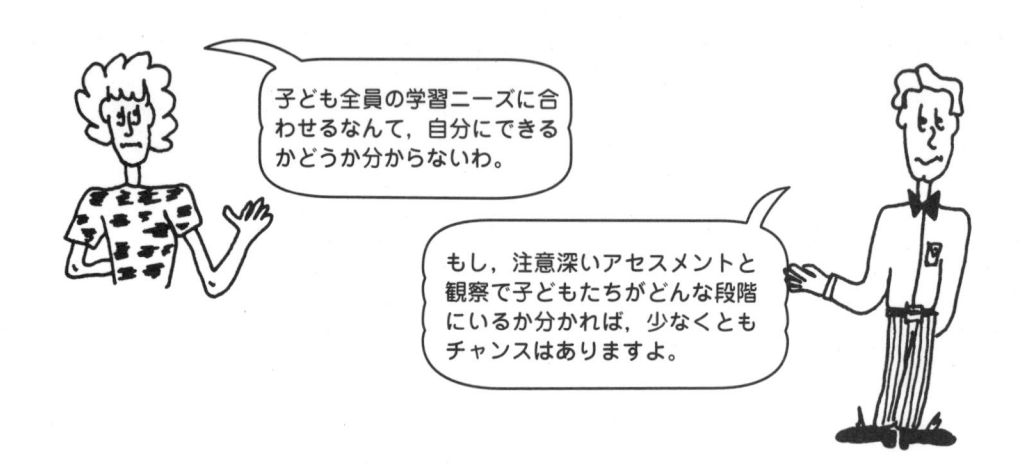

> 子ども全員の学習ニーズに合わせるなんて，自分にできるかどうか分からないわ。

> もし，注意深いアセスメントと観察で子どもたちがどんな段階にいるか分かれば，少なくともチャンスはありますよ。

◆ 評 価 ◆

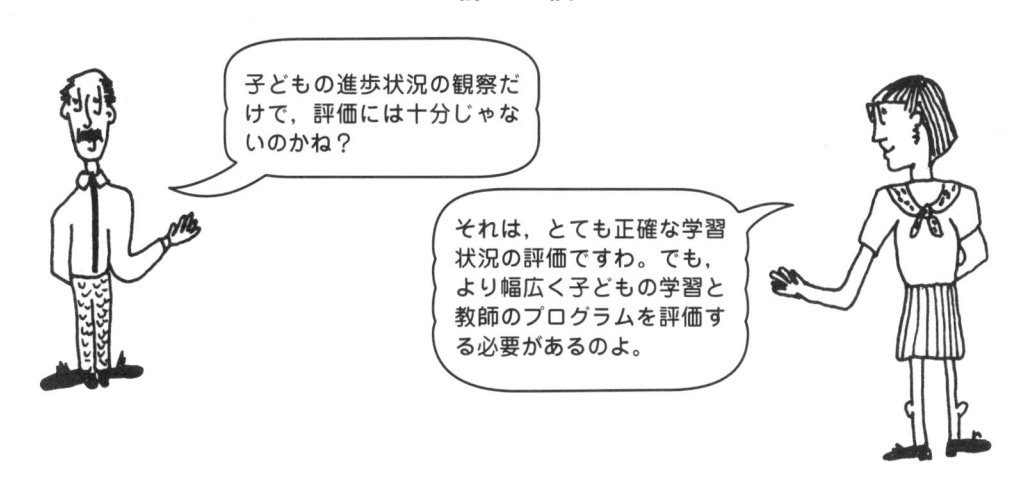

子どもの進歩状況の観察だけで，評価には十分じゃないのかね？

それは，とても正確な学習状況の評価ですわ。でも，より幅広く子どもの学習と教師のプログラムを評価する必要があるのよ。

あなたの計画を振り返ってみましょう。目標には到達できましたか？ どのようにうまく？

以下の質問を自分自身にしてください。
―学習結果は到達できたか？
―子どもたち全員が？
――人ひとりの子どもにどのようにあなたが貢献できたか？
個人のニーズには合っていたか？
―子どもは興味深く，また意欲をもって学んだか？
次にやる時は，どうやってもっと意欲づけすることができるのか？
どうしたらその単元をもっと興味深くできるのか？
―他にどんな活動を自分はできるのか？
―どのように学習結果の達成度を上げることができるか？
―子どもはその課題を楽しんでいたか？
―自分はその単元を楽しんだか？ それはなぜ？

- 自分のプログラムと学習指導を評価することで，あなたはもっと有能な先生になるでしょうね。
- あなたの指導プログラムを向上させる時ですわ。次回はもっとうまく計画できるわ。
- 評価する時には，アイデアを全部書いてみましょう。ずっと先の単元のものでもなおアイデアが新鮮なうちに。
- そうしないと，忘れてしまうか，次にやろうとする時にその段階にまでもたどり着かないということになるかも。
- 同僚（あるいは校長）にあなたのクラスを見てもらって，学習単元を評価するお手伝いを頼んでみるといいですよ。
- もし，一つの単元を終わって1週間以内に評価しないなら，それはおそらくする意味がなくなってしまうでしょうね。
- 以下の質問に答えてごらん。
  —発問は十分明確だったか？
  —あまりしゃべりすぎなかったか？
  —十分な練習をさせたか？
  —子どもたちの学習はうまくやれていたか？
  —子どもたちはやる気を見せてくれたか？
  —もし同僚の先生が以上の評価をするのに手を貸してもらえないのなら，子どもたちに協力してもらうのはどうだろう。
- 学習指導やプログラムについてたえず評価することは，教師としてあなたを成長させる必要不可欠な側面ですよ。
- それはうれしい驚きになるかも知れませんよ。
- それはいい考えだわ，だけど，子どもたちが私の指導を正直なところどう考えているか本当に知りたいの。

第8章　面白さ

　　面白さというのは，退屈さや緊張から抜け出して子どもたちをわくわくさせ，肯定的な気風を作り出すためのいい方法です。

面白さを作り出すアイデアのいくつか
―『ベストジョーク』とか『今週のジョーク』コンテストをする。
――一番面白い，一番クレージーなポスターを作るコンテストをする。
――一番役に立たない発明のコンテストをする。
―クラスで，いたずらごっこをする。
―壁面にマンガを貼る。
―大笑いするようなお話（たとえばロアルド・ダールの『まぬけなやつら』のような）を読む。
―子どもたちに，面白い奇想天外なお話を書かせる。
―楽しい放課後をもつ。
―ピエロや手品師に来てもらって演じてもらう。
―定期的に，クラスゲームやミニクイズなどをする時間を設ける。クラスのごほうびとしてそういう時間を作ってもいい。
―『激励する人』やゲームを使い，難しい教科の長い時間をほぐす。研修で経験したような『お互いを知るゲーム』のようなものをする。それらは人を活性化するし，脱落するのを防ぐ。
―もし，先生がユーモアの感覚をもっているんだったら，それを子どもたちに使う。もしもっていないのだったら，私の場合教えるのをあきらめる。
―状況の面白い側面を見ましょう。そして，あなたがユーモラスな面のよさが分かることを示しましょう。
―どんなに懸命に，どんなにすばやく若い人たちが新しいゲームや面白い活動を覚えたかに気づいてもらったでしょうか？　もしその熱狂をいくらかでも主要教科の学習に使うことができたら，あなたが子どもたちとともに何が達成できるかを考えてください。

「私が思うに，先生の多くは勉強が楽しいわけがない，教育というものはまじめな仕事だと考えている。」

「ほとんどの先生は多分怖がっているんだと思うわ。子どもたちが楽しい活動でエキサイトしすぎるんじゃないかとか，クラスの規律がなくなるんじゃないかなとかね。」

「僕は『本の日』にピエロの格好をしてジャグリングをしてみるよ。」

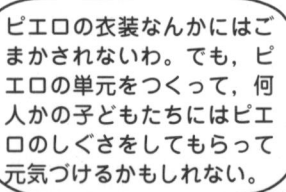

「ピエロの衣装なんかにはごまかされないわ。でも，ピエロの単元をつくって，何人かの子どもたちにはピエロのしぐさをしてもらって元気づけるかもしれない。」

「うちの子どもたちはピエロになって元気を出す必要なんかないさ。あの子たちはもうすでにピエロだもの。」

「私は，何か面白い活動を昼食の前か，帰る直前にするわ。子どもたちがもし羽目をはずしても，落ち着かせてまじめな勉強をさせる必要がないようにね。」

「面白さや笑いの素は生活の中で不可欠の部分です。」
「楽しい活動は人を幸福にさせ，生き生きさせます。」
「笑いの素は最高の薬です。」
「笑うことはストレスや緊張を和らげるのにいいのです。」

「あーぁ，「ペスト」の授業の間，ねずみを解き放つという面白い一面を見逃してしまったわ。」

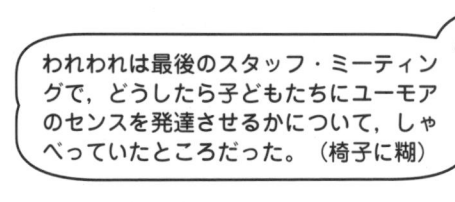

「われわれは最後のスタッフ・ミーティングで，どうしたら子どもたちにユーモアのセンスを発達させるかについて，しゃべっていたところだった。」（椅子に糊）

やけっぱち の教師 →

僕は手に入る薬ならどんな薬でも飲むぞぉ。

笑いの素

もし，それが楽しめるものなら，その時それはいい教育になりうるのかな？

このワークはやってみたらめっちゃおもろい。

そうね，ちょっとの楽しみでもクラスの指導のすごい助けになるわ。校長に頼んで私のための小道具をいくつか注文してもらおうっと。

楽しいごほうびがあると，勉強をやりとげるのに子どもたちは本当にやる気を出してくれるんだ。

職員室にちょっとの笑いもないような学校にいるのは大きらいだわ。

職員室

笑いの素
はっはっは!!　ほっほっほ!!

◆ 教科指導への応用 ◆

> これまでしてきた提案の多くはそれぞれの教科指導に応用できると思うけど。

> そのとおり。どのように応用できるのか，さあみてみよう。
> たとえば，7歳児のクラスの場合。

1．どのように子どもたちが読み書きを学習するのか，そして何を達成させようとしているのか，どんなことを信じていますか？

> さて，みてみましょう。

> 子どもたちの読み書き学習についての私の信念は？

―読書の目的は，印刷された本から意味を見つけて，本の作者が何を伝えようとしているかを理解すること。
―どの子どもも読書能力がめざましく進歩して，より複雑なテキストが理解できるようになってもらいたい。
―子どもたちが読書を楽しめるようになってもらいたいこと。
―子どもたちは本読みによって読書を学ぶ（絵を書くような活動をするよりむしろ）。
―子どもたちが読んだことを理解したり，意味を把握したりすることを大切にすること。
―意味の理解や流暢さやセルフチェックができるように，もし知らない言葉があっても読み進められるように，知らない言葉には文脈や文の構造や音韻的な手がかりを使えるように，励ます必要がある。
―子どもたちには，具体的な指示や練習が必要かもしれない。
―見て理解する基本語を学ぶ。
―文字と音韻の関係を学ぶ。
―意味を理解しながら読む練習。
―などなど。

2．興味深い読書のプログラムを作ること―目をひきつけるように本を陳列した面白い図書コーナーとクッションをいくつか。
―学級文庫の蔵書を定期的に取り替える。
―毎日読み聞かせをするのに使う『いい本』のストック。
―毎日の自由読書時間。
―1週間に1回他のクラスと本を読み合う。
―子どもたちはお互い同士で本を読み合うように励ます。
―ドラマや詩を定期的に授業に取り入れる。
―詩の音韻カードと歌のカード。

> ブックコーナーを準備するところから始めるわ。

―図書利用のスキル

3. アセスメント

注意！　最重要事項よ，やるわ。

　―それぞれの子どもが読むのを聞く，たぶん難易度の順に用意された文章を使って（その時には継続的な記録をとるか，読み間違いの分析をしましょう）。子どもの読みの得意なところ，どんな間違いをするか，自分で間違いに気づくか，意味を理解して読んでいるか，どのレベルの教材ならついていけるか，またどの分野を教える必要があるか（たとえば文字と音韻の関係が分かってないとか，読解力が弱いとかの）についての情報を得られるでしょう。
　―一人ひとりの子どもの記録カードを見ましょう。
　―子どもの個人ファイルの中で，前の先生からの覚書を見ましょう。
―読み書き能力の統一テスト（読解力，聞き取り能力，語彙）を実施しましょう。
―読む力の弱い子どもには，リーディングスキルのチェックリストを。

4. 準備と計画

> 学習成績をにらみながら，子どもたちを3つの指示的グループにうまく合わせていくようにしましょう。各グループはそれぞれ違った活動にアレンジすることができます。
>
> スーザンは，他の子どもよりも上のレベルにいるので，個人プログラムをもっと発展させることが必要でしょう。
>
> ジャックとジルは低いグループ用の教材にもついていけないので，自信をつけさせることです。そのレベルですらすら読めるように目標を設定し，語彙対策を完璧にして，繰り返し読みで，二人にあった個人プログラムを用意することが必要です。また，見知らぬ語彙が出てきた時には，クラスでの全体指導をすると，クラス全体に役に立つこともよくあります。

5. プログラムの実行

自分自身にたずねてみましょう。
―授業時間はスムーズに進行しているか？
―グループはセットした活動でよく動いているか？
―子どもが活動に集中するのに十分な静けさがあるか？
―個人個人の子どもに進歩のサインが見られるか？
―プログラムは興味深く，また十分変化に富んでいるか？
―子どもたちは読みのプログラムを楽しんでいるように見えるか？
―個人のニーズが取り上げられているか？
―自分がどのようにプログラムを改善していけるか？

「上のことを参考にすると，次のようなことが分かってきたわ。どんな読み教材が適切か，どんなグループに子どもを分けたらいいか，またその中で指導の必要なのはどの領域かって。」

「ジャックとジルとのピア・チュータリングはどうだろう？ あるいは，先生か助手と一緒に勉強する時間をもつほうがいいだろうか？」

「わしは1日に10分間はジャックとジルのために，1日15分間は別の第2グループに，それに1週間に1回は，スーザンとそのプログラムについて話し合うことにしている。」

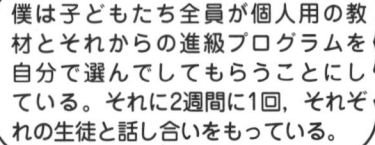

「僕は子どもたち全員が個人用の教材とそれからの進級プログラムを自分で選んでしてもらうことにしている。それに2週間に1回，それぞれの生徒と話し合いをもっている。」

「さあ，読書教材を手に入れたし，プリントも準備したし。」

「はじめに，マットのところで一緒にグループ活動をして，それ以外は子どもたちに自分たちの机で勉強してもらうわ。自己コントロールの練習になるでしょう。」

6. 進歩を評価すること
―子どもが読むのを聞いてください（別の記録法でも？）。しかし，それをする前に，閻魔帳を見てみましょう。
進歩のサインがありますか？
リーディングのどの分野にもう少し注意を払わねばなりませんか？
さらに効果的にするには，どのようにプログラムを修正したらいいですか？

> 一人ひとりの子どもがどれぐらい進歩したかを見ると，私は元気づけられるよ。

> ジャックとジルはずいぶん自信をつけて，実際のところ，読むのを楽しみにしているわ。

7. 面白さや変化のある活動
―面白さがプログラムをわくわくさせます。そして本当に子どもたちをやる気にさせるのです。
―「大好きなマンガ」の日を設ける。
―「お話セール」の日をつくり，誰が一番うまく友だちに「お話を売る」ことができたかを競争させる。
―読書週間の中で「大好きな本のキャラ」になる日を作る。
―本の作者に訪問してもらう。
―昼休みに図書館で「お話テープ」を聞かせる。
―人気のあるお話のVTRを見せる。
―大笑いのできるお話を聞かせる。
―「名作」子ども文庫を取り上げる。
―子どもたちに学級新聞を書かせて出版する（最高の記事には賞）。
―自分自身の本を書くよう手助けする。

- メアリーのお母さんが言うには，メアリーは今，家でずっと本を読んですごしているんですって。
- 校長は，僕の面白い読書プログラムやリーディングのレベルが上がったことを喜んでくれてるよ。
- 私はダニーの読み書きを助けるのに，専門家の意見を求めようと思う。
- 効果的な学習が起きているのを知るのはとてもいいね。

第9章 すばらしい学習指導への，先生が通り抜けなければいけない道

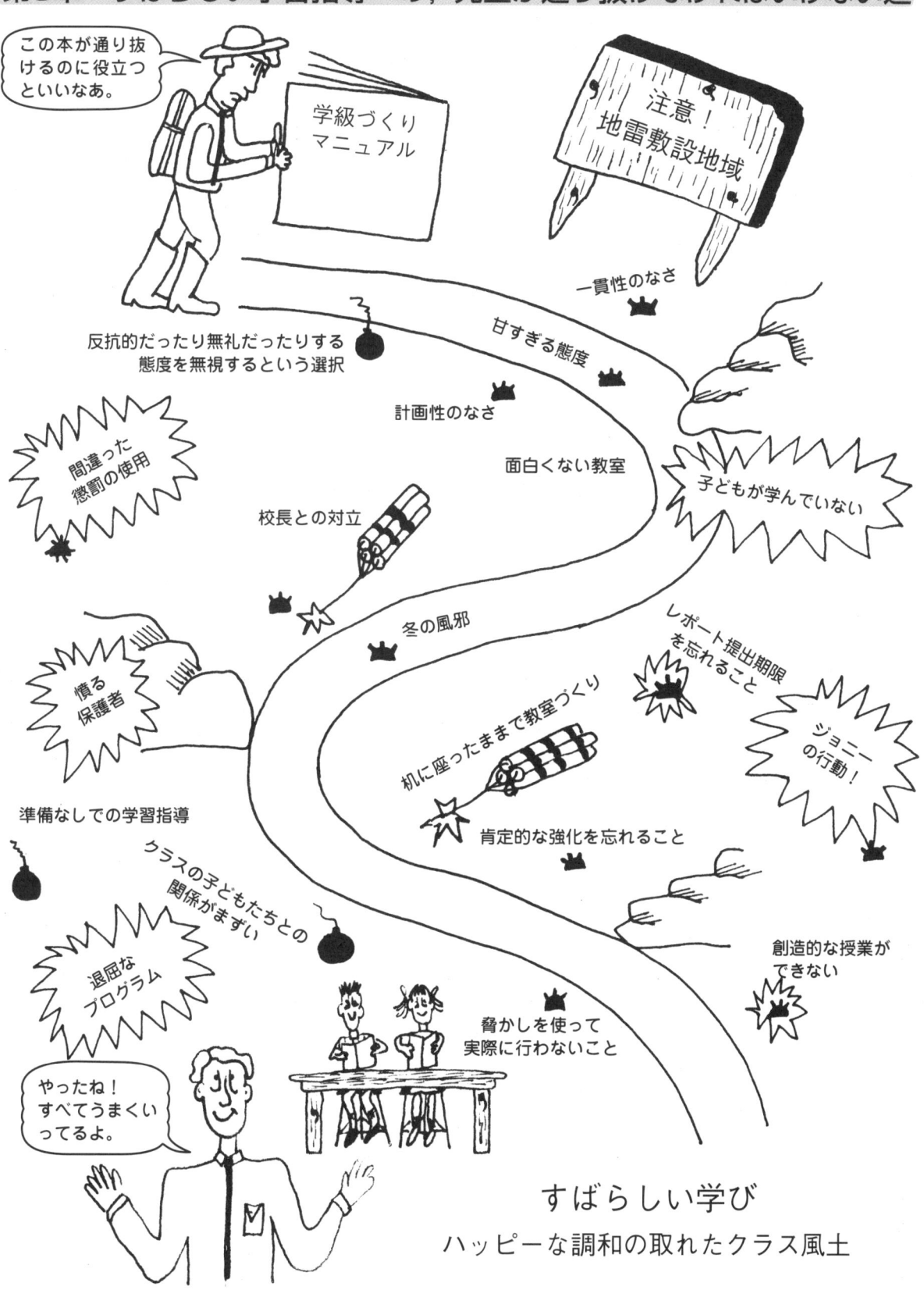

「この本が通り抜けるのに役立つといいなあ。」

学級づくりマニュアル

注意！地雷敷設地域

一貫性のなさ

反抗的だったり無礼だったりする態度を無視するという選択

甘すぎる態度

計画性のなさ

間違った懲罰の使用

面白くない教室

校長との対立

子どもが学んでいない

冬の風邪

レポート提出期限を忘れること

憤る保護者

机に座ったままで教室づくり

ジョニーの行動！

準備なしでの学習指導

肯定的な強化を忘れること

クラスの子どもたちとの関係がまずい

退屈なプログラム

創造的な授業ができない

脅かしを使って実際に行わないこと

「やったね！すべてうまくいってるよ。」

すばらしい学び

ハッピーな調和の取れたクラス風土

この本には387もの提案が書いてあるのを知っていたかね？

もし君がそれらの半分ぐらいやってみたら，かなりの先生になると思うわ。

先生の中には，よい学習指導をとてもシンプルに見えるやり方でしている人もいるよ。

でも実はそうじゃないのよ，教えるって，もっているスキルのすべてを使うだけではなく時間やエネルギー，かかわりの必要な，本当の芸術なんだわ。

子どもを教えること，子どもたちの生活を少しでもよりよくしていくことは，もちろん，最もやりがいのある一番報われる仕事の1つですよね。

ハッピー・ティーチング
ばんざい！

索　引

あ
アセスメント　65
甘すぎる態度　83
あまりうまくいってない授業や活動　52
一貫性のなさ　52, 83
オペラント条件づけ理論　29
面白さ　75
　　——や変化のある活動　81
親業訓練運動（PET）　43

か
学習
　　——結果　73
　　——指導　68
　　——進捗　71
　　——目標　70
学級作りマニュアル　83
学級風土　17
　　前向きな——　21
　　良い——　11
規則　24
教育哲学　10
　　明確な——　7, 9, 52, 64
教科指導への応用　78
行儀よくできたかなゲーム　36
教師
　　——の質問型授業　59
　　——の準備不足　52
　　——の怠慢　52
協同学習グループ　68
クラス
　　興味のある，刺激的な——　13
　　——・アイデンティティ　17, 21
　　——規則　24
　　——契約書　36
　　——での不適切行動　47
　　——を活気づかせること　64
グループワーク　63
効果的な
　　——学習指導　7
　　——学び　65, 70
肯定的なフィードバック　17
行動管理　23, 64
行動のガイドライン　24
個人契約書　30
個人別調べ学習　68
子どもを尊重　18

さ
時間割　57
自信　37
　　——のなさ　52
謝罪文　48
週案　55
授業計画　55, 58, 60
準備　63
すばらしい
　　——学習指導　83
　　——学び　83
生活手順　27
正の強化　29-31, 44
積極的な罰なし法　38, 41
先生主導の討論　68
先生のしゃべりすぎ　52
戦略　37
騒音　47

た
ターゲット・チャイルド（目標となる子ども）　35
タイムアウト　46
達成シート　32, 33
他人への妨害　47
長期間の退屈　52
長期計画　56
懲罰　44, 46
　　——の使用　38, 44
適切な
　　——クラス行動を増やすための戦略　36
　　——行動　29
トークン　29
　　——・エコノミー法　29
読書　15
　　——のプログラム　78
　　——の目的　78

な
人間関係　64

は
罰　→　懲罰
ハッピーな調和の取れたクラス風土　83
ピア・サポート　68
評価　73
　　——シート　60
不従順　47
不適切な

──活動　53
　　──行動　37, 39, 43, 45, 46, 49
　　──行動管理　51
　　──行動に対処　37
無礼行為　22, 47
妨害行為　22, 46
報酬　30
ほめすぎ　31

ま
前向きの関係　17

魅力的な読書コーナー　15
無視　38
明確な行動指針　7
問題行動　23

や
「やったあ！」シート　34
よい学級づくり　7
よい子の契約書　35

訳者紹介

塩見邦雄（しおみ・くにお）
兵庫教育大学大学院教育臨床講座教授
京都大学教育学部卒
京都大学大学院博士課程単位修得退学
教育学博士（京都大学）
臨床心理士・学校心理士

内林和子（うちばやし・かずこ）
育英高等学校カウンセラー〔常勤〕
京都教育大学特殊教育学科卒
ニュージーランド・マッセイ大学修士（特別支援教育ポストグラデュエイト・ディプロマ）
学校心理士

学級づくり
ニュージーランド教育現場から387の提案

2006年4月20日　初版第1刷発行　　定価はカヴァーに表示してあります

原著者　Martin Van der Kley
監訳者　塩見邦雄
発行者　中西健夫
発行所　株式会社ナカニシヤ出版
〒606-8161　京都市左京区一乗寺木ノ本町15番地
　　　　Telephone　075-723-0111
　　　　Facsimile　075-723-0095
　Website　http://www.nakanishiya.co.jp/
　Email　iihon-ippai@nakanishiya.co.jp
　　　　郵便振替　01030-0-13128

装丁＝白沢　正／印刷・製本＝ファインワークス
Printed in Japan.
ISBN4-7795-0061-3